LA LOUVE BAROQUE

DU MÊME AUTEUR

ANTIPSYCHIATRIE. LES VOIES DU SACRÉ, Grasset, 1974.
FIGURES DE L'OPPRESSION, P.U.F., 1977.

En collaboration avec Gérard Busquet :

LADAKH, Buchet/Chastel, 1977.

CHRISTIAN DELACAMPAGNE

LA LOUVE BAROQUE

BERNARD GRASSET
PARIS

Pour Emilia.

Longtemps, la route de Rome a passé par Florence — on gravissait à cheval les petits chemins qui hantent les collines de Toscane —, ou bien l'on naviguait de Marseille à Livourne sur ces bateaux vétustes que brisaient, quelquefois, des tempêtes imprévues. Puis il n'était pas rare qu'en découvrant, de loin, la première vue de Rome étalée dans la plaine, le voyageur avouât sa déception : ce n'était donc que cela, cette ville que l'on s'imaginait juchée sur un mont d'or...

Plus tard, bien des années plus tard, j'ai débarqué à Rome d'un avion qui venait du Népal. C'était un dimanche soir, une veille de premier mai. Il faisait déjà chaud comme en août — plus chaud, sans doute, que dans l'Himalaya que je venais de quitter — et les douaniers de l'aéroport, étant de mauvaise humeur, s'attardèrent une bonne heure à fouiller mes bagages. Enfin, je me retrouvai dans le vieux bus qui, pour rejoindre le centre, traverse interminablement une banlieue vague, sordide, aussi peu ressemblante que possible à l'image qu'on se fait de Rome. Pourtant, lorsque nous arrivâmes à Termini, je découvris une nouvelle fois les ruines, les coupoles, les murs roses, les palmiers et les pins qui font tout l'exotique de la Ville éternelle. Et là, soudain, j'eus l'impression que je n'avais pas quitté l'Asie. Cela ne dura qu'un seul instant — mais un instant hautement révélateur...

Car c'est alors que je compris l'étrange fascination que Rome n'a cessé d'exercer sur le monde : berceau et capitale de l'Occident, Rome est aussi une ville d'Orient. De la misère au luxe le plus criant, en passant par l'inefficacité, la fantaisie, la générosité — elle offre autant, sinon plus, qu'Istanbul ou Delhi : elle *est* l'Orient, comme elle *est* l'Occident. Ou plus exactement encore, elle est ce point où l'Occident nous apparaît enfin pour ce qu'il est — héritier de l'Orient —, elle est ce point où l'un et l'autre se confondent et où l'homme croit saisir son origine première. Bref, Rome est la matrice, la mère, l'utérus éternel...

Ce n'est d'ailleurs pas un hasard si dans toute l'Italie les spaghetti à la romaine s'appellent *alla matriciana*!

Ni si, pour Freud, le pèlerinage à Rome se révéla aussi indispensable et aussi impossible qu'une remontée aux origines du temps, ou qu'un voyage dans les abîmes de la mémoire :

« C'était à Rome que rêvait d'aller Freud, poussé par une " nostalgie profondément névrotique ", au moment où, dans les dernières années du XIXe siècle, il pressentait qu'il était sur le point de trouver " la clé qui ouvre les portes des Mères ", le complexe d'Œdipe. Voyage sans cesse projeté, sans cesse remis. En attendant, il étudiait la topographie de la Ville éternelle, le tracé de sa triple enceinte, avec la même ardeur qui le faisait chercher à lire, dans le discours de ses hystériques, ce qui était écrit dans l'inconscient [1]... »

Freud n'avait pas si tort : il y a beaucoup à lire dans la topographie romaine. L'espace urbain est toujours un espace surchargé du point de vue symbolique — celui de Rome plus que tout autre.

J'ai tenté, à mon tour, d'en déchiffrer quelques séquences. J'ai essayé d'en découvrir la géométrie folle. Ce n'était, après Freud, ni facile, ni prudent... Pourtant il m'a semblé qu'ici, du point où je me trouve en cet âge de ma vie, c'était un risque bien attirant, un pari à courir, un jeu qu'il fallait jouer sans plus attendre...

Ecrire sur Rome est une folie — et ce n'est pas sans peine que je m'y suis résolu. Bien sûr, je viens trop tard : j'aurais tellement aimé être l'un de ces voyageurs arabes qui, vers le XIIe siècle, s'aventuraient jusqu'en Europe, ou l'un de ces moines bouddhistes à la recherche du paradis occidental — pour dire sur Rome des choses inouïes.

Ou même, à la rigueur, me serais-je contenté d'être Marco Polo pénétrant dans Karakoroum, voire le premier Européen qui entra à Lhassa; et combien de fois me suis-je identifié avec le narrateur de *René Leys*...!

Oui, j'ai toujours rêvé de cités interdites. Plus que les hommes qui habitaient ces lieux magiques, c'est

1. Alain Grosrichard, *Structure du sérail,* Seuil, 1979, p. 229.

le secret de leur topographie que j'aurais tant voulu percer, la clef qui m'eût ouvert leur centre, le mot qui eût brisé leur résistance... Le rêve est-il trop clair? Sans doute — et puis ce n'est qu'un rêve car le monde est bien vieux, des voyageurs l'ont arpenté de fond en comble et les cités magiques se sont offertes à des passants d'un soir...

Mais qu'importe, après tout? Je ne vais pas pour autant renoncer à voyager. Le pourrais-je même, si je le voulais? J'en doute : mon pas est celui d'un nomade, d'un découvreur et d'un marcheur — qui ne découvre que lui. Ma philosophie, je la fais en plein air; mon roman, c'est celui de l'errance. J'appris à voyager dans une collection de timbres, puis dans les rues, puis dans les livres et les bibliothèques, ces labyrinthes sans fin..., tant il est vrai que nous sommes tous à la recherche de pays intérieurs, de villes imaginaires.

Plus tard, cinq grandes balades himalayennes m'enseignèrent la prudence : les seules terres vraiment vierges — alors, je le compris — sont celles que nous portons en nous. Mais ce n'est pas une raison pour oublier les autres! Même si je n'en fus pas « l'inventeur », le Ladakh reste un fabuleux mirage — et je pourrais en dire autant de bien d'autres pays.

Il ne demeurait plus, pour s'en convaincre enfin, qu'à prouver que les lieux supposés bien connus peuvent aussi ne pas l'être, ou même l'être aussi mal que les royaumes longtemps fermés. Ici, la Villa Médicis m'a fourni l'occasion : en m'attirant à Rome, elle me permit de confirmer, tout à loisir, mon sentiment. Et de vérifier, en outre, que le merveilleux est baladeur : ne me suit-il pas, fidèle, dans mes bagages?

Ecrire sur Rome est une folie : je ne me le dirai jamais assez... Comme si le fait d'y avoir vécu deux petites années m'y autorisait! Et comme s'il n'y avait pas de question plus urgente, plus brûlante ou — que sais-je — plus pimpante!

Pourtant il est bien vrai que, d'une certaine façon, Rome est l'objet qui contient tous les autres. Rome, et le Tibre :

> Le Tibre seul, qui vers la mer s'enfuit,
> Reste de Rome. O mondaine inconstance!
> Ce qui est ferme est par le temps détruit,
> Et ce qui fuit, au temps fait résistance...

Tu l'as bien dit, vieux Du Bellay. Ton taoïsme, ici, fait mouche : à Rome, tout ce qui devrait tenir s'effondre, et seul ce qui s'effondre n'en finit pas de tenir. Etrange destin — qui pourrait être, demain, celui de Londres ou de New York. Rome serait-elle, une nouvelle fois, en train de s'instituer laboratoire de l'Occident?

Je refuse de prophétiser... Mon travail s'est borné à colliger des signes. A grouper des visages. A épeler des énigmes.

Qu'on ne cherche donc point ici de thèse, ou de dissertation. Je me suis efforcé, autant qu'il fut possible, de ne pas écrire d'*essai*. J'ai choisi l'aphorisme contre la théorie, j'ai préféré le court-circuit à l'exposé, et j'ai joué mes fantasmes contre le « document ». Si j'ai pu, quelquefois, en extraire des symboles, c'est tant mieux. Quant aux questions toutes faites, j'espère ne pas leur avoir donné de réponse.

Et cependant, je n'ai pas la vanité de croire que ce que j'ai éprouvé, nul ne l'a ressenti : tout vrai voyage, une fois encore, ne fait qu'en répéter un autre. Et « l'auteur », s'il en est bien conscient, ne peut mieux faire ici que s'effacer derrière ses signes — en invitant à s'effacer aussi les amis si nombreux sans qui mille choses, ou plus, n'auraient pu être dites...

Rome, sans eux, n'aurait pas été Rome. Et pourtant Rome, après eux, après moi, n'en sera pas moins Rome...

Mais assez bavardé sur les règles du jeu. Voici les cartes. Tirez.

Rangés en file indienne sur les berges du Tibre — en contrebas des quais —, on dirait qu'ils s'amusent à passer au peigne fin les alluvions laissées par le fleuve sur ses rives.

Les uns manient la pelle, d'autres agitent le tamis — mais cet excès d'activité demeure rigoureusement indéchiffrable. De plus, il semble qu'il n'y ait que moi qui souffre de la chaleur.

— Mais qu'est-ce que vous cherchez? Vous avez perdu quelque chose?

— *Niente, niente.* Nous cherchons de l'or.

— De l'or?

— Eh oui! Vous ne savez donc pas qu'il y a trois mois, « ils » ont commencé à draguer le fond du Tibre?

— Euh... non.

— Bon, alors je vais vous expliquer. Comme ça, vous pourrez aller chercher une pelle si vous voulez.

Il pose la sienne en soupirant.

— Voilà. La machine a déposé sur les rives ce sable qui occupait le lit du fleuve. Et maintenant, nous le passons au crible pour retrouver tout ce qui a été jeté dans l'eau depuis l'antiquité. Et il y en a, des choses... Tenez, voici quelques jours, une jeune femme a découvert un lingot d'or : il était si gros qu'il a fallu deux personnes pour le monter sur le quai.

— Pas possible... Mais vous, qu'est-ce que vous avez trouvé?

— Oh, moi, c'est seulement hier que j'ai commencé. Mais j'ai déjà quelques bricoles : des monnaies, un crucifix en cuivre, et même un bistouri étrusque.

Les yeux pétillants de joie, il extrait prudemment d'un vieux sac de chiffon une sorte de pince rouillée.

— Vous avez vu? Cela vaut de l'argent, vous savez. Et je le vendrai pour un bon prix, parce qu'aujourd'hui on ne me la fait plus. Figurez-vous, monsieur, je suis chauffeur de taxi. Eh bien il y a dix ans, lorsque je trouvais... par hasard de vieilles pièces de monnaie, des sesterces romains ou des fragments de céramique, je les donnais à un restaurateur d'Ostie. Je ne vous dirai pas lequel. Pour tout salaire, ce truand me payait un repas. Et il revendait très cher, à des touristes, ces objets qui ne lui avaient rien coûté. Mais maintenant je connais les prix, *porca miseria*! Sur le marché, un sesterce vaut quatre-vingt mille lires. Bien sûr, on n'en trouve pas autant que d'anneaux de fer, et ceux-là ne valent rien...

Il me montre un tas de petits anneaux. Mussolini les faisait remettre aux gens qui venaient offrir leur alliance, aux beaux temps de la campagne « Donnez votre or pour la patrie ». Et puis, Mussolini pendu, les fausses alliances se sont retrouvées dans le Tibre.

— Mais attention, le fleuve est riche! Des siècles et des siècles de notre glorieuse histoire sont venus aboutir ici, monsieur. Regardez l'île, là-bas : vous ne pensez pas qu'un jour, pour cacher leurs trésors, les moines du Fatebenefratelli ont dû en jeter une part à l'eau? Et les Juifs, ceux qui vont à la synagogue, en face? On dit qu'une fois, parce qu'ils étaient persécutés, ils abandonnèrent un gros chandelier d'or dans le fleuve. Et beaucoup d'autres ont dû en faire autant, car vous savez, monsieur, depuis que Rome est Rome, il y en a eu des troubles, ici.

Une voix de femme le rappelle à l'ordre.

— Aldo, tu perds du temps!

Aldo s'éponge le front.

— Bon, il faut que je retourne au travail. Allez, je vous souhaite bonne chance si vous voulez en faire autant. Et *arrivederla.*

Sur ce, il ressaisit sa pelle et, lestement malgré sa rondeur, se remet à creuser.

Les autres en font autant, de deux mètres en deux mètres. Chaque nouvel arrivant doit prendre sa place au bout de la file. Il y a là des enfants, des jeunes couples, mais aussi des Romains aisés — à en juger par leurs mains peu habituées à manier les outils. J'aperçois même quelques grands blonds : des touristes allemands se seront laissés tenter. Et moi...? Je me demande où je pourrais bien me procurer un tamis. Les Romains, eux, se servent de bouts de filets métalliques, sans doute arrachés à quelque vieux sommier.

Et les trésors surgissent, dans l'excitation générale : des pièces de monnaie de toutes les époques, mais aussi des chaussures, des boîtes de conserve et même un vieux dentier avec une dent en or...

— C'est mieux que rien, dit une jeune fille. Je porterai la dent au fondeur, il m'en donnera bien quelque chose.

Un peu plus loin, un homme s'esclaffe.

— Regardez, me fait-il, un dollar en argent. Si les étrangers eux aussi se mettent à jeter leur fortune!

— C'est un touriste américain, explique son voisin. Il aura confondu le Tibre et la fontaine de Trèves.

En même temps que le soleil, la chaleur a monté. Mais les chercheurs paraissent infatigables. Et ils ont de bonnes raisons. Tout le passé de Rome est enfoui dans ce fleuve. Les ruines de sa grandeur, les signes de sa richesse antique reposent ici, sous l'eau du temps qui s'écoule vers la mer. Lutter contre l'oubli? Faire revenir au jour ce qu'on croyait enfoui? Rendre à Rome ses visages disparus? Pourquoi pas, en effet.

Leur entreprise n'est pas plus insensée que la mienne. Nous cherchons tous à résister au temps. A trouver le témoin, l'objet, le document qui prouve que le présent n'est pas inexplicable, que le réel a un sens, que la ville est un livre... où l'on puisse lire, comme sur un palimpseste, la multitude de ses histoires. Et donc, à prouver que Rome n'est pas seulement un nom.

Si nous y arrivons, alors nous aurons bien quelque raison de dire que nous avons trouvé de l'or.

Et puis il faut reconnaître qu'à Rome, en plein été, il n'y a pas grand-chose d'autre à faire...

C'est le grand vide. Surtout au fur et à mesure que l'on se rapproche du 15 août, c'est-à-dire de *Ferragosto.*

Cette fête, qui n'est pas seulement celle de l'Assomption, remonte au moins aux débuts de l'empire : déjà le peuple s'arrêtait de travailler pour les *Feriae*

Augusti. La célébration chrétienne s'étant greffée sur le rite impérial, et l'ère des congés payés étant arrivée là-dessus, il ne reste plus personne à Rome, pendant les quelques jours qui suivent le milieu du mois d'août.

C'est alors, en effet, que les Romains venus d'Ombrie, ou des Abruzzes, ou du Mezzogiorno — et ils sont fort nombreux, ces migrants, dans la capitale — retournent boire le vin blanc dans leurs collines, embrasser la *mamma* et les frères, faire une partie de *briscola* avec les innombrables cousins. Et les autres? Ils vont au *lido* d'Ostie, ou à Fregene, célèbre pour sa pinède, où à Ladispoli, les grandes plages populaires. Les plus aisés poussent jusqu'à Sperlonga, la station chic, ou même jusqu'à l'île de Ponza, véritable paradis grec, avec ses maisons blanches, ses oliviers, ses criques.

Vous me direz que c'est partout pareil. A cette époque de l'année, il n'est pas de grande ville qui ne semble étrangement assoupie. Oui, mais à Rome c'est pire qu'ailleurs. Car avec leur sens aigu de l'organisation, les Romains s'arrangent pour partir tous en même temps. Dès lors, pendant quelques jours, on ne peut plus trouver ni pain, ni vin, ni médecin. Je ne suis même pas sûr qu'il y ait encore des prêtres pour ceux qui voudraient se confesser. Pour les malheureux qui restent, la situation frise parfois le dramatique!

Alfonso Artioli s'en amuse, dans une série de dessins parue sur le *Messaggero* : on y voit un *povero romano* se heurter, devant les magasins d'alimentation, à la sempiternelle pancarte : *chiuso per turno.* Même son restaurant habituel est fermé. Comme son tabac l'est également, il en est réduit à ramasser des mégots. Suant à grosses gouttes, il part chercher un peu de fraîcheur au cinéma... lequel affiche « clôture annuelle ». Alors, après avoir en vain attendu le bus — mais les conducteurs doivent être à la pêche —, et erré désespérément le long de rues désertes, sous un soleil de plomb, il rentre chez lui et se précipite la tête la première dans son poste de télé, en ne laissant que ces simples mots sur un papier : « Adieu à tous, pardonnez-moi... »

Bien sûr, chaque année l'opinion publique se préoccupe de la situation. On organise de grands débats pour rechercher des solutions. Les pouvoirs publics exhortent le peuple à travailler. Les journaux protestent contre ceux qui prennent des vacances « en trop ». Après tout, un commerçant a-t-il vraiment le droit de baisser sa « sarrazine » — c'est ainsi qu'en italien on nomme le rideau de fer — quand bon lui semble? Non. Un décret a établi, depuis longtemps, que le 16 août était un jour ouvrable. Il est vrai que beaucoup tournent la loi en affichant « fermé pour maladie » ou même « fermé pour cause de deuil ». Si l'on devait croire tout ce qu'on lit, il faudrait en conclure que le choléra, ce fléau séculaire, a de nouveau fondu sur Rome. Avouons plutôt, écrit un journaliste, que « dans notre pays un certificat médical ne se refuse à personne. Que celui qui est sans tache jette la première pierre... ». Et voilà, de nouveau, la grande question de la corruption remise sur le tapis. L'accusation de *malgoverno* n'est pas loin. C'est ainsi que s'annoncent, en Italie, les signes avant-coureurs des changements de gouvernement.

Il faut dire aussi que si l'on considère non le mois d'août mais l'année tout entière, celle-ci compte finalement moins de « vacances » aujourd'hui qu'autrefois : d'après les érudits, le record fut atteint au ve siècle. A cette époque, l'année romaine ne comptait pas moins de cent soixante-quinze jours fériés pour diverses raisons. Et puis, s'il y a une légende à détruire, c'est celle du Romain paresseux : peu de gens travaillent autant que les Italiens.

Il n'empêche que la municipalité cherche à imposer de nouvelles restrictions aux départs sauvages. En vain, d'ailleurs. Il est bien évident que les commerçants d'un même *rione* (quartier) préfèrent partir tous en même temps, afin d'éviter que des concurrents trop voisins ne leur volent leurs clients. Sans doute faudrait-il imposer des fermetures alternées. Mais ce n'est pas facile. En attendant, l'anarchie continue.

Les moins gênés sont quand même les touristes, souvent astreints au régime de la pension complète dans l'hôtel où ils logent. Quant au restaurant japonais, qui se trouve — ce n'est sans doute qu'une simple coïncidence — dans la rue de la Propagation-de-la-foi, je ne l'ai jamais vu fermé. Il est vrai que, des Japonais à Rome, il y en a toute l'année. Seulement, bien sûr, on les remarque moins en janvier; en août, on ne voit qu'eux. Comme à Paris, ils ont leurs hôtels, leurs boutiques, leurs pancartes en japonais au coin des rues. Autour de la Barcaccia, place d'Espagne, ou bien autour de la fontaine de Trèves, ils forment des grappes humaines toujours souriantes et frétillantes. Eux aussi jettent de petites pièces dans l'eau — ils aident ainsi à vivre les enfants du quartier qui, la nuit, vont les rechercher. D'ailleurs, cette tradition ne date pas d'hier : depuis des siècles, et dans bien des pays, la coutume qui consiste à jeter de l'argent dans les fontaines et dans les sources est une forme importante de dévotion à l'eau sacrée. Seule la croyance qu'ainsi l'on reviendra à Rome doit être, je crois, d'origine plus récente...

Perdus parmi les Japonais, il y a aussi quelques vieux couples d'Américains. Avec, dans leur tête, les images des films de Minnelli, ils viennent ici pour voir à quoi ressemble l'Antiquité.

Telle cette originale, tout de rose accoutrée, et qui, m'ayant sans doute repéré comme anglophone, me jette à brûle-pourpoint :

— Excusez-moi, pourriez-vous nous aider? *We want to see some ruins.*

— Vous voulez voir des ruines? Mais quel genre de ruines?

— *Any ruins.* Tous les genres.

Je fais un geste vague, qui peut bien vouloir dire « par ici » ou « par là ». Je ne risque guère de me tromper. A Rome, tout n'est que ruines. Ou presque. Et puis, allez savoir ce que, en pareille situation, Du Bellay aurait répondu à un couple d'Iroquois?

Enfin, le soir tombe. Avec la nuit, toutes les épreuves sont oubliées. Merveilleuse nuit romaine, toujours fraîche quelle qu'ait pu être la chaleur diurne. On se sent, soudain, repris de l'envie de sortir. Que faire?

Les terrasses des *trattorie,* à Trastevere, s'emplissent d'une foule en liesse. Des petits orchestres jouent, sur les places, à la lueur des lampions. Les uns sortent la table de la cuisine et mangent dans la rue, devant leur porte. Les autres vont au restaurant, mais en portant leur *porchetta* — cochon rôti et farci, découpé en tranches froides —, tandis que le patron fournit le vin et le couvert. On chahute, on plaisante, on s'amuse. On interpelle familièrement le conducteur de fiacre (un fiacre pour touristes minnelliens) qui, tous les soirs, vient remiser au bout de la via del Mattonato. Il y a une sacrée ambiance, dans cet endroit-là. C'est la fête.

Quant aux autres, ceux qui confondent distraction et culture, ils n'ont pas non plus à se plaindre. Rome, l'été, propose toutes sortes de spectacles, et il y en a pour toutes les bourses. C'est le « Kulturmarket », remarque Lanfranco Vaccari, qui titre son article dans *l'Europeo :* « Un happening entre nos murs. » « Voici, énumère-t-il, les festivals de cinéma dans les salles de quartier, la danse d'expression corporelle à la Villa Ada, les concerts pop à la Villa Pamphili, le théâtre pour enfants à la Villa Borghese, la musique symphonique à la basilique de Maxence, le jazz au jardin du Lac (toujours à la villa Borghese) et le théâtre à la Quercia del Tasso... » Sans oublier, bien sûr, les mimes qui se produisent sur la place du Panthéon, le théâtre de poupées siciliennes, les troupes de majorettes. Et puis encore toutes sortes de groupes, de coopératives, de « complexes », de ballets... Et, *last but not least,* l'opéra en plein air, aux thermes de Caracalla. On y reprend fréquemment *Aïda,* dans une mise en scène célèbre pour ses décors fastueux, son char tiré par quatre vrais chevaux, son chameau qui traverse une palmeraie de carton et ses centaines de figurants hollywoodiens. Irrésistible. Même si l'on n'entend pas toujours la musique, tant l'espace est immense, et fréquemment zébré de DC-10 qui viennent juste de quitter l'aéroport voisin.

Mais qu'est-ce qui pousse donc les Romains, en cette période d'austérité, à fréquenter en foule ces spectacles nocturnes? Car il n'y a pas que des touristes qui viennent ici. La « plèbe » — ou du moins ce qui en reste, à Rome, durant l'été — n'est pas moins assidue. Surtout à l'opéra et aux concerts. Jadis, seuls quelques amoureux allaient s'égarer sous les frondaisons obscures de la Villa Doria. Aujourd'hui, les parcs sont si fréquentés qu'il a fallu rouvrir celui de la Villa Torlonia, où Mussolini vécut ses plus belles années. Plus étonnant, encore, le succès d'initiatives culturelles qui paraissaient, à première vue, un peu risquées — comme par exemple la projection en plein air du film muet de Konitchev, *la Nouvelle Babylone,* accompagnée par un orchestre symphonique.

A vrai dire, les programmes de l'été romain relèvent d'un éclectisme total, qui confine quelquefois au chaos. Mais Renato Niccolini, assesseur communal à la culture, semble faire de ce désordre un principe de gouvernement. « Jusqu'à ces dernières années, déclare-t-il, un humanisme un peu démodé prédominait au sein de la gauche; aujourd'hui, nous croyons moins à une culture de " l'homme nouveau ", mais nous faisons davantage confiance à la méthode expérimentale. » Autrement dit, moins de pièces à thèse et davantage de pop. Et là, même les camarades de *Lotta Continua,* pourtant assez sévères à l'égard de l'actuelle municipalité romaine, de tendance communiste, sont obligés de reconnaître que pour une fois il se passe quelque chose.

Quoi? Personne ne le sait exactement. Mais il paraît qu'on sort beaucoup. Et que les Romains s'amusent. Malgré là crise. Et malgré le terrorisme, qui depuis 1975 a quelque peu ralenti le flux des touristes. *Panem et circenses*...? Ce n'est pas si simple. Ou pas si machiavélique : disons que les Romains, tout simplement, aiment se retrouver ensemble. Disons qu'à une époque où fleurissent « comités de quartier » et « groupes écologiques », le slogan *riprendiamoci la città* — reprenons notre ville — connaît un grand succès.

Et pourquoi la culture, demain, ne redeviendrait-elle pas ce qu'elle n'aurait jamais dû cesser d'être : une occasion de communiquer, un prétexte pour s'amuser et pour être entre soi?

Plus tard, vient l'heure des *gelati*. Après le spectacle, même s'il est tard, même si l'on doit travailler le lendemain, on ne sait pas résister à la saveur des glaces. Plaisir de tous, ici aussi, des pauvres comme des riches. Seul change le cadre. A Santa Maria in Trastevere, ou bien sur le Campo dei Fiori, on peut trouver des vendeurs de haschisch. *Mastrostefano,* sur la place Navone, ou *Rosati,* sur la place du Peuple, sont fréquentés plutôt par les touristes. Chez *Rosati,* on peut même rencontrer, certains soirs du mois d'août, Jean-Paul Sartre et Simone de Beauvoir. C'est dommage : ils ne doivent pas savoir que cette terrasse, la plus belle du monde, est perdue de réputation depuis que les fascistes, descendus des Prati ou bien des Parioli — les quartiers chics —, en ont fait leur lieu de rendez-vous, le point de départ de leurs cortèges...

Et puis il y a, bien sûr, la place du Panthéon qui

était, ces dernières années, l'endroit préféré des artistes, des acteurs, des journalistes célèbres... et moins célèbres. La meilleure preuve en était la présence de ces stands où l'on vendait des livres, et qui rappelaient tellement la Sorbonne en mai 68. Mais le bruit court que des marchands de pastèques viendraient, bientôt, les remplacer. Les artistes ne pourront pas rester là! Ils devront inventer un autre endroit à la mode. Une autre place. Faisons-leur confiance : à Rome, ce ne sont pas les places qui manquent.

Pauvres touristes, quand même! En cet été de 1978, je les ai souvent plaints. Ce n'est déjà pas si drôle d'arpenter le Forum par un matin torride, lorsque le ciel est bas et blanc comme du cuivre bouillant, et que souffle le sirocco, ce vent du sud qui porte ici les parfums de l'Afrique et les sables libyens. Il a fallu, en plus, qu'on leur ferme leur dernier havre de fraîcheur. Un lieu où ils pouvaient se réfugier avec l'excuse de la culture. Je veux parler, bien sûr, de la chapelle Sixtine. Sans doute le pape n'a-t-il pas fait exprès de mourir un 6 août; mais son décès a tout de même perturbé bien des circuits organisés!

Pourtant, Paul VI est parti aussi discrètement qu'il l'a pu. Il avait dit, le 15 août 1977, qu'il ne célébrerait probablement plus jamais cette fête. Il ne s'est pas trompé. Se sachant condamné, il s'était retiré à Castel Gandolfo. Loin de Rome, loin des médecins aussi, et surtout loin de la foule. Autour de lui, tout le monde se préparait au pire. Quelques heures avant la crise cardiaque qui devait le terrasser, des responsables de l'administration vaticane étaient même descendus dans les cryptes de Saint-Pierre, pour se rendre compte des travaux qui devraient être effectués dans la chapelle où il voulait être inhumé... Le cardinal Villot, secrétaire d'Etat et camerlingue de la Sainte Eglise romaine, avait renoncé à partir en vacances pour rester près du pape. Des curieux, des pèlerins également avaient commencé d'affluer sur la petite place de Castel Gandolfo dès la fin de ce calme dimanche après-midi. Mais les gardes suisses — trois, au lieu de deux comme d'habitude — avaient refusé de répondre à toute question et invité la foule à s'éloigner. Des policiers en civil étaient même intervenus.

Alors, privés d'informations, les gens allèrent en chercher de l'autre côté de la place, aux allures toutes provinciales, dans le petit café tenu par Franco Carosi.

Il a l'habitude de ces choses-là, Franco. N'a-t-il pas déjà vu un pape s'éteindre ici? C'était il y a vingt ans : le 9 octobre 1958, Pie XII mourait à Castel Gandolfo. A 2 h 30, pour être exact.

Etrange coïncidence : Roncalli, Luciani, pontifes chers aux braves gens, sont morts à Rome, au milieu de leur peuple, tandis que Pacelli et Montini, figures théologiques et aristocratiques beaucoup moins populaires, ont disparu dans leur retraite, à l'écart de la foule. Mais bien sûr il ne faut pas généraliser...

Quelques jours plus tard, on a ramené le corps de Paul VI à Saint-Pierre. Sagement et en silence, la foule fait la queue pour l'entrevoir, une dernière fois.

Sur la place écrasée de chaleur, les marchands de Coca-Cola espéraient faire de bonnes et légitimes affaires. Mais la police les refoule, impitoyablement. « Il n'y a plus de religion », se plaignent-ils avec amertume.

Quant aux vendeuses de pieuses médailles frappées à l'effigie de Paul VI, elles sont loin, elles aussi, de réaliser les bénéfices qu'elles escomptaient. Il paraît que les gens, les étrangers surtout, sont en retard d'un pape : ils demandent tous l'effigie de Jean XXIII. Seul, le directeur de *l'Osservatore Romano* se frotte les mains avec satisfaction : l'édition de son journal annonçant la mort de Jean-Baptiste Montini a été totalement épuisée. Il a même fallu la réimprimer. Que voulez-vous! Les affaires sont les affaires.

Pour tous les journalistes en général, d'ailleurs, le décès du pape a été, si l'on peut dire, une bonne aubaine : en cette période de l'année où il n'y a pas grand-chose à se mettre sous la dent, les spéculations sur les *papabili* vont aller bon train. On en profite pour ressortir Nostradamus, Malachie et les autres. Et pour entreprendre d'intéressants sondages dans différents quartiers de la capitale.

Il apparaît ainsi qu'aux Parioli — le Neuilly romain —, on souhaite un nouveau Pie XII, un partisan de la tradition, un défenseur de la foi. Et puis, ajoute le curé d'une église qui se trouve place Euclide, en plein centre d'un quartier de diplomates et de hauts fonctionnaires, « il ne faut pas oublier que, dans notre paroisse, il existe un facteur important : une forte sympathie à l'égard de l'évêque Lefebvre. Il me semble difficile de réduire un personnage d'une si vaste culture à l'image stéréotypée d'un homme de droite... » C'est Dario Fertilio qui rapporte ce propos, dans un article du *Corriere della Sera.*

Dans les quartiers populaires, en revanche, on attend surtout un pape qui ait une dimension humaine. On reproche souvent à Paul VI d'avoir quelque peu négligé sa ville, son évêché. « Rome a été complètement abandonnée par son évêque, déclare don Gianni Gennari, prêtre ouvrier. Espérons que le prochain pape rentrera de l'exil... »

Jean Paul Ier, sans doute, aura su satisfaire, un bref instant, ces aspirations contradictoires.

En attendant son élection — qui surprendra tout le monde —, les gens continuent de vaquer à leurs occupations dans la plus grande tranquillité. On ne remarque aucun émoi spécial à Tivoli, non plus qu'à Fregene. Une seule ombre au tableau : les « signes ».

Car la tradition veut que lorsqu'un pape s'éteint, des signes étranges se manifestent, sur la terre ou au ciel. Et, chaque fois, cette tradition se vérifie. Les chiens se mettent à aboyer sans raison. Des orages éclatent soudainement...

De fait, le jour suivant le décès de Paul VI, le ciel s'est brusquement assombri. Une tempête inattendue a ravagé les côtes de Ligurie et de Toscane. Un navire a coulé. Des hommes sont restés pendant trente-cinq heures dans l'eau, attendant désespérément des secours qui ne venaient pas. A Rome même, il y a eu quelques violents orages. La chaleur n'a pas diminué pour autant, mais on pouvait être surpris, en quelques minutes, par une de ces formidables averses tropicales qui provoquent, immédiatement, de véritables inondations. Car les égouts romains sont très insuffisants. Et sur la place du Peuple, qui a malheureusement la forme d'une cuvette, il est tout à fait impossible de passer dès qu'il pleut un peu trop. Des « signes » de ce genre-là, les Romains en ont revu, d'ailleurs, un mois plus tard. A la mort de Jean Paul Ier. Ceux qui assistèrent à ses funérailles se souviendront sans doute longtemps du sermon prononcé au milieu d'un déluge, et des cardinaux trempés, mal abrités sous leurs petits parapluies noirs...

Sans parler — autre signe — de la mort subite du métropolite de Leningrad, Nikodim, terrassé, une quinzaine de jours plus tôt, aux pieds du nouveau pape, en pleine audience. N'y avait-il pas là, pour Jean Paul Ier, un funeste présage? L'annonce du mauvais sort qui s'attacherait à son pontificat?

Au demeurant, la croyance aux signes est, à Rome, fort ancienne. Bien plus ancienne que le christianisme lui-même.

En fait, toute l'histore de l'*Urbs*, depuis ses origines, nous apparaît comme ponctuée, doublée en contrepoint par une série de signes et de prodiges qui constituent — selon le mot de Joël Schmidt — une sorte de *contre-histoire*. Toutes les fois que la Rome antique se trouve à la veille d'événements notables, des spécialistes du sacré interrogent la Providence pour savoir ce que l'avenir réserve, ce que les dieux attendent des hommes. Ces spécialistes, on les appelle des aruspices, ou encore — le mot lui-même relie la chrétienté au « paganisme » — des pontifes. Et la signification des prodiges a passionné à ce point les Romains qu'il n'est pratiquement pas d'écrivain qui n'y ait consacré quelques pages, de Tite-Live à Plutarque en passant par Pline, Cicéron ou Sénèque.

Sans oublier, bien sûr, un étrange compilateur,

Julius Obsequens, dont l'œuvre fut rééditée il y a une vingtaine d'années, mais sans faire beaucoup de bruit semble-t-il. Trop souvent négligé par les érudits, Julius Obsequens est l'auteur — au demeurant inconnu : on ne sait même pas s'il vécut au Iᵉʳ ou au IVᵉ siècle de notre ère — d'un traité intitulé : *Ab anno Urbis conditae prodigiorum liber* [1], le livre des prodiges depuis la fondation de l'Urbs. Il s'agit en effet d'une recension complète des signes qui se sont manifestés à Rome depuis la royauté jusqu'aux débuts de l'empire. Etrange inventaire, dont une grande partie s'est, malheureusement, perdue. Et c'est dommage, car pour ce qui en reste le catalogue des *mirabilia* est à la fois impressionnant et inquiétant : ce ne sont qu'apparitions d'O.V.N.I., grêles de pierres sur l'Aventin, pluies de sang sur le temple de la Concorde, processions de spectres, statues qui se couvrent de sueur, naissances d'enfants hermaphrodites ou de garçons possédant deux membres virils... Pour ne rien dire des voix qui hantent les bois sacrés à la mort de César, ni des fleuves qui s'arrêtent et de l'ivoire qui pleure.

Naturellement, ces prodiges étaient interprétés à l'aide des *Livres sibyllins* : trois énormes volumes d'oracles ambigus, conservés dans le temple de Jupiter sur le Capitole. Et gardés par des prêtres qui ne les consultaient qu'à la demande de l'Etat. Comme on s'en doute, les réponses devaient être quelque peu sollicitées... dans l'intérêt des puissants de l'heure. La lecture des prodiges faisait intégralement partie de l'art de gouverner. On serait même tenté de dire :

1. Ed. A. Schlesinger, Londres, The Loeb Classical Library, 1959. Cf. aussi l'article de Joël Schmidt, « les Prodiges à Rome », in *l'Histoire,* n° 4, sept. 1978, pp. 63-65.

la politique, c'était d'abord une manipulation de signes. Là non plus, les choses n'ont guère changé...

Du reste, la meilleure preuve que de telles manipulations sont courantes depuis fort longtemps nous est fournie par l'histoire même du plus important mythe romain : celui de la fondation de l'Urbs. Eh oui, même ce mythe sacré entre tous, cette populaire histoire de louve et de jumeaux n'est qu'une grossière malversation, opérée sous Auguste, d'un mythe plus ancien...

Peut-être aurez-vous du mal à me croire. Mais les érudits, eux, commencent à se le dire. A voix basse, évidemment. Car il s'agit d'un lourd secret. Voire d'un sacrilège.

Je ne peux donc vous en parler qu'avec la plus extrême prudence.

D'abord, la bombe a éclaté sur le *Messaggero*.

Pour vous situer le lieu, disons que le *Messaggero* est, parmi les quotidiens dont le siège est à Rome, l'un des deux ou trois plus importants. A côté du *Paese Sera* — communiste, mais indépendant du Parti —, c'est le journal des socialistes et du centre gauche. C'est aussi un journal « vieille manière », un peu provincial, avec des pages et des pages consacrées aux faits divers et aux informations portant sur la région latine — ce qui le distingue de la *Repubblica,* quotidien plus moderne, qui a changé de format et renoncé à la traditionnelle « chronique romaine ».

Toujours est-il que le *Messaggero* contient une intéressante page trois — consacrée à la culture —, et qu'il est beaucoup lu. Les statistiques prétendent que seul un Italien sur six lit un journal. C'est possible, mais à Rome la proportion est évidemment beaucoup plus forte, et les autobus sont bondés, soir et matin, d'employés de ministère serrant précieusement leur journal sous leur bras... En pratique, on peut penser que le *Messaggero* doit être lu par deux cent cinquante mille personnes environ, parmi lesquelles il y a sûrement beaucoup d'intellectuels.

C'est vous dire que ce qui va suivre n'était pas réservé aux érudits parcheminés. Et que ce n'est pas tombé dans des oreilles de sourds.

Le 21 avril 1977, donc, jour anniversaire — selon la tradition — de la fondation de Rome, la page trois du *Messaggero* présente une longue interview d'Umberto Todini. Cet éminent philologue ne se propose rien de moins que de démythifier la légende « triomphaliste », « militariste » et, pour tout dire, « impérialiste » des origines de Rome. Selon cette légende, telle qu'elle nous est rapportée par Virgile [1], puis par Tite-Live [2], Romulus et Rémus, abandonnés aux eaux du Tibre, n'auraient été sauvés, au moment de la décrue, que par l'intervention d'une louve qui les aurait nourris. Or la louve, reine des animaux sauvages, est un symbole parfait de la force et de la valeur militaires. Il était normal que Rome, cité conquérante et fondatrice d'empire, s'en fît un emblème.

Malheureusement cet état du mythe n'est pas, selon Todini, le plus ancien. Dans la version originale, les choses se passent tout autrement. C'est en fait un *figuier* qui aurait permis aux jumeaux de se nourrir, et les aurait ainsi sauvés — du moins durant les premiers jours; la louve ne serait intervenue qu'après. Et ce qui a mis Todini sur la voie d'une telle découverte, c'est l'analyse d'un vers, dû à un poète latin du IIIe siècle avant notre ère, qui parle des « nourrissons buvant au sein des douces figues » (*fici dulciferae lactantes ubere toto*). Or le figuier — *ficus* en latin, nom féminin — est un symbole d'abondance et de fécondité,

1. *Enéide,* I, 275-277 *et passim.*
2. *Histoire romaine,* livre I, chap. 4.

bref un symbole maternel : et de ce point de vue il est beaucoup moins prestigieux, pour l'orgueil romain, que la louve... C'est pourquoi on aurait, sous Auguste — et peut-être à son instigation —, remplacé celui-ci par celle-là.

Comme vous le voyez, il ne s'agit pas là d'un mince problème. Mais bien d'une affaire d'Etat. Ce qui est en question, c'est *le sexe d'une culture*. Sont-elles donc masculines ou féminines, les vertus qui ont présidé à la naissance de Rome?

La question n'est pas simple vu que, en l'occurrence, le masculin est représenté par « la » louve, et le féminin, par « le » figuier. De surcroît, la *ficus* n'est pas totalement absente de la version virgilienne. Elle y joue encore un rôle — modeste, mais important — : celui d'obstacle qui aurait arrêté la dérive des jumeaux. Mais le soupçon qui induit Todini à lui prêter une importance beaucoup plus grande dans les versions précédentes n'est pas dénué de motifs.

D'abord, toute une série de témoignages tend à prouver que la *ficus* jouait un rôle central dans la religion romaine. De nombreux textes, qui vont de Caton (IIIe siècle avant notre ère) à saint Augustin, y font allusion. Ensuite, on sait que cet arbre était cultivé et vénéré en des points stratégiques de l'Urbs (près de la « maison de Romulus », près de la « *lapis niger* », sur le Forum, etc.). Le culte prenait la forme d'offrandes de lait à la *ficus,* accompagnées de prières demandant protection pour les nouveau-nés (« nourrice de Romulus et de Rémus », c'est ainsi que Pline, encore, appelle la *ficus*), ordre et paix pour l'Etat et, surtout, chance pour l'accomplissement des rites liés à la sexualité. Dans l'un de ces rites, les célébrantes, des femmes seulement, après avoir sacrifié le fruit du figuier mâle — c'est-à-dire du figuier sauvage —, arrachaient les branches de l'arbre pour s'en frotter le sexe. Les symboles phalliques du dieu de la fécondité, Priape, étaient eux aussi faits en bois de figuier.

Il est clair, par ailleurs, que cet arbre, qui résiste très bien à la sécheresse, a joué un rôle économique et social fort important chez les peuples méditerranéens, au moins jusqu'aux débuts du premier millénaire avant notre ère. Les Egyptiens, les Mycéniens, les Grecs et sans doute les premiers Romains consommaient ses produits. Et ses sous-produits — car avec la figue, fraîche ou sèche, on peut faire des boissons, des desserts, du pain et des médicaments. N'oublions pas non plus le rôle religieux joué par la *ficus religiosa* dans le monde oriental : c'est sous cet arbre — appelé *pipal* par les Indiens — que le Bouddha connut son illumination...

Enfin, deux faits plus précis et plus convaincants doivent être versés à ce dossier. D'une part, sur quelques monnaies du IIIᵉ siècle avant notre ère, on voit figurer, au-dessous du figuier, la louve et les jumeaux, et au-dessus, un pivert. En effet, la *ficus,* le figuier femelle, peut-être fécondée par des oiseaux transportant le pollen pris sur le figuier sauvage. Mais il n'est pas sans intérêt de savoir que *picus,* nom latin du pivert, est également le nom de l'un des fondateurs mythiques de Rome, aux côtés de Romulus.

D'autre part, la *ficus* est appelée, dans certains textes anciens, *ruminalis* ou, parfois, *romularis.* Si ce dernier adjectif évoque clairement l'ancêtre totémique, le premier — qui dérive de *ruma* : sein, mamelle — établit sans ambages le caractère maternel du figuier — fondé sur la ressemblance, pour le moins suggestive, de la figue et du sein féminin. Le culte de cet arbre paraît donc avoir été chargé d'un symbolisme important. En revanche, il n'y a jamais eu de culte de la louve dans l'ancienne Rome : c'est avec Virgile et Auguste que celle-ci commence à venir au premier plan. On peut même dire que l'importance accordée à la louve est très probablement un trait d'origine étrusque — tout comme la magnifique sculpture aujourd'hui conservée au musée du Capitole (et à laquelle les jumeaux n'ont été ajoutés qu'à la Renaissance, par Antonio del Pollaiuolo).

Restent, bien sûr, quelques questions. Derrière sa moustache malicieuse, Umberto Todini les a prévues. Toutes. On dirait qu'il a passé sa vie à regarder les figuiers pousser. Vous pourriez vous demander, par exemple, comment cet arbre a bien pu faire, dans la pratique, pour nourrir les jumeaux? Eh bien, cela ne pose rigoureusement aucun problème. Apprenez que lorsqu'elles mûrissent, les figues deviennent turgescentes et laissent couler un liquide sucré — la *gliotta* en italien : il suffit donc de se trouver au pied de l'arbre et d'ouvrir grand la bouche...

Mais si tout est si simple, si la botanique s'accorde avec la philologie et l'histoire des religions pour établir l'importance dominante du figuier, et si la louve n'a joué qu'un rôle secondaire, si elle n'était que le symbole animal de cette *puissance* de la nature dont le figuier était, de son côté, le symbole végétal — alors pourquoi est-ce la figure de la louve, éclipsant celle du figuier, qui s'est imposée et maintenue dans l'histoire?

La réponse à cette question nous ramène à la politique. Entre le Iᵉʳ siècle avant et le Iᵉʳ siècle après Jésus-Christ, alors que l'agriculture avait déjà perdu, pour les Romains, son importance prépondérante, et qu'elle n'était plus pratiquée que par des esclaves, la nouvelle classe dirigeante — enrichie grâce au commerce — a éprouvé le besoin, avec Auguste, de redorer son blason. C'est-à-dire de se donner une origine noble et guerrière, une origine « justifiant » le rôle de superpuissance que Rome avait déjà, à cette époque, commencé de jouer en Méditerranée.

De surcroît, continuer à insister sur la *ficus* — à une époque où elle n'entrait même plus pour une part importante dans l'alimentation — aurait pu être maladroit du point de vue idéologique. Car le figuier était plutôt l'emblème de l'ancienne aristocratie rurale qui avait défendu la République, et qu'Auguste désirait abattre.

Voilà : C.Q.F.D.!

Umberto n'est pas mécontent de ses petits effets. Il a lancé sa bombe.

Et cette bombe-là va faire du bruit. D'autant que la plupart des chercheurs italiens auront du mal à renoncer à leur interprétation triomphaliste, et à admettre l'existence d'une composante féminine aux origines de Rome. L'époque n'est pas encore très loin où Mussolini rappelait avec force aux Romains qu'ils étaient tous *i figli della lupa,* les fils de la louve. Même les historiens étrangers faisaient chorus, non sans quelque complaisance. Ecoutez Carcopino, par exemple :

« La louve du Capitole fut et reste la mère auguste des Romains. Cette cruauté domptée, dont elle frissonne, n'est-ce pas l'histoire de Rome antique? Cette puissance redoutable et légitime, irréductible et généreuse, dont la vision nous fait tressaillir, n'est-ce pas un frappant symbole de Rome éternelle [3]...? »

3. J. Carcopino, *la Louve du Capitole,* éd. les Belles Lettres, Paris, 1925.

Il n'y a rien à répondre à de tels arguments. Mais l'aveuglement remonte plus loin. En fait, il y a cinq siècles au moins que les humanistes refusent de voir, avec une singulière obstination, le faisceau de preuves qui établit la falsification augustéenne du mythe. Todini parle, à ce propos, d'un véritable mécanisme de « rejet culturel ».

— Il y a bien eu, dit-il, quelques chercheurs qui se sont doutés du rôle joué par le figuier, mais plutôt que de devoir rejeter la louve au second plan, ils ont préféré imaginer que la louve « pasteurisait » le suc du figuier, afin de le transformer en lait pour les jumeaux! Je ne m'attends donc pas à ce qu'on approuve avec enthousiasme ma thèse. Mais je souhaiterais qu'on prenne au moins la peine de l'examiner.

Sans doute les féministes romaines seront-elles les seules à emboîter joyeusement le pas à Umberto. Les philologues mâles (faudra-t-il donc parler d'une « phallo-philologie »?), eux, rechigneront. D'autant que, depuis le Moyen Age, le figuier est considéré par les théologiens comme le symbole de tous les péchés capitaux. L'arbre du vice par excellence.

Et puis il y a aussi des conséquences pratiques, qui ne sont pas sans importance. Va-t-il falloir changer l'emblème de la cité, cousu sur l'uniforme de tous les employés municipaux, gravé sur toutes les grilles d'égout? Va-t-il falloir interdire, aux braves commerçants qui entourent le Forum, la vente de ces petites louves en réduction qui enchantent les touristes? Au reste, Rolando Giglio, le journaliste qui interroge amicalement Umberto, s'empresse de lui montrer le problème :

— Mais, s'écrie-t-il, si l'image que nous nous faisons des origines de Rome doit être entièrement modifiée, ne crois-tu pas que la municipalité doive en prendre acte?

— J'ai seulement commenté le vers d'un vieux poète, répond modestement Umberto. Sur le reste, le maire seul peut donner un avis compétent...

On ne saurait mieux esquiver. Jusqu'à nouvel ordre, donc, on ne déboulonne pas la louve.

Mais je connais un peu Umberto Todini. Et je sais que ce n'est pas seulement un latiniste distingué. Il a d'autres visages, beaucoup moins conformistes... Bref, je soupçonne la blague. Le canular hénaurme. La mystification du 21 avril... Et je saute sur mon téléphone.

Eh bien, vous serez déçus. Umberto est sérieux. On ne peut plus sérieux.

— Vois-tu, me dit-il, la seule chose que j'ai inventée, c'est l'interview. Pour rendre ma thèse moins ennuyeuse à exposer. Donc Rolando Giglio n'existe pas — ou plus exactement, c'est moi. Mais à part cela, tout le reste est vrai.

— Tout de même, dis-je, tu ne crois pas que tu es allé un peu trop loin?

— Pas du tout. D'ailleurs l'histoire nous offre bien d'autres exemples de manipulations des mythes et des symboles. Regarde les Etats-Unis d'Amérique. Au moment de leur indépendance, quand il fallut choisir l'emblème, ils ont préféré l'aigle au dindon. Alors que le dindon était un animal indigène, déjà fort en vogue comme symbole national, et défendu entre autres par Benjamin Franklin. Mais l'aigle faisait plus noble. Tout comme la louve!

— Evidemment...

Je reste tout de même rêveur.

Louve ou figuier, me direz-vous peut-être, qu'importe? Mythes que tout cela! Nous n'ignorons pas que la réalité fut fort différente... Et bien plus prosaïque.

Exact. Rome ne s'est pas faite en un jour. On affirme aujourd'hui que les plus anciennes traces d'occupation, en ce lieu, remontent au moins au XVIe siècle avant notre ère. Quant à la date de 753, si elle est donnée comme correspondant non aux premières installations sur les collines, mais à l'époque où celles-ci se réunirent pour former une cité, elle est sans doute très largement anticipée.

En fait, pour que Rome naquît, il dut y avoir fusion de plusieurs noyaux d'habitants — latins, sabins, étrusques. Et cette fusion pourrait s'être opérée en deux temps.

Premier temps : trois villages, Germalus (vers le Capitole), Valia (vers le Colisée) et Palatual (entre les deux), se réunissent pour former une agglomération qui correspondrait à la Rome primitive, la *Roma quadrata* des Latins. Celle-ci est petite mais bien située, sur les hauteurs du Palatin, à l'abri de la malaria, des inondations et des coups de main.

A ces trois villages, s'ajoutent par la suite trois autres

bourgades situées sur l'Esquilin (Fagutal, Cispius, Oppius) et une qui se trouve dans la vallée intermédiaire (Querquetual). La réunion de ces sept noyaux forme donc le Septimontium. Et peut-être cet événement historique est-il le *réel* dont parle, en le travestissant, le mythe de Romulus. Toujours est-il que Rome, en ce milieu du VIIIe siècle, n'est encore qu'une petite ville : ce n'est qu'un siècle plus tard que l'Urbs ruinera l'hégémonie d'Albe sur le Latium. Dans l'entretemps, le Septimontium aurait encore fusionné avec d'autres villages sabins se trouvant sur le Quirinal ou le Viminal, et le Capitole serait devenu l'acropole de la cité ainsi agrandie.

A vrai dire, il est permis de se demander si le Septimontium lui-même ne relève pas, comme tant d'autres pseudo-faits historiques, d'un fantasme d'archéologue spéculant sur les pouvoirs magiques du nombre sept : sept villages primitifs, et plus tard sept collines, sept rois, les *septemvires*... Tout cela est bien logique, bien harmonieux, bien rassurant. Mais vous pouvez rester sceptiques. En attendant d'en savoir vraiment plus.

Ce qui est sûr, en revanche, c'est qu'à Romulus (roi latin) et aux trois chefs sabins qui, selon la tradition, vinrent après lui, succédèrent trois rois étrusques. Aux VIIe-VIe siècles, Rome devient donc une tête de pont étrusque. Ce sont les *Tusci* — ancêtres des Toscans — qui font de Rome une véritable cité, et qui donnent au centre monumental l'aspect qu'il gardera longtemps. Ce sont eux, aussi, qui organisent la vie sociale, le pouvoir militaire et religieux. Bref, qui amènent la culture. Plus tard, la civilisation originale que les Etrusques avaient développée disparaîtra, absorbée par cette Rome qu'elle avait contribué à créer et qui la rejettera dans l'oubli. Etrange retour des choses. Ne resteront que des légendes — dont Plutarque encore se fait l'écho — sur les « connaissances » spirituelles des *Tusci* — peuple religieux par excellence, à ce qu'il paraît.

Mais nous connaissons mal la religion étrusque. En revanche, nous savons que l'art étrusque — en particulier l'art funéraire — témoigne d'une exceptionnelle sensibilité à l'égard de la mort. Le sarcophage des époux, pièce maîtresse de l'actuel musée étrusque, à la Villa Giulia, ne peut être comparé, de ce point de vue, qu'aux plus hautes œuvres de l'art bouddhiste. Ici, comme sur les bas-reliefs du Gandhara que j'ai vus au musée de Lahore, j'ai retrouvé le même sourire sublime, fait de savoir, de joie et de douleur. La même sérénité. D'une telle noblesse face à la mort, l'art romain antique est bien incapable : il faut attendre les portraits coptes à l'encaustique pour en retrouver, ailleurs, l'équivalent. L'art romain, lui, est tout entier tourné vers la conquête du monde. La route, le mur : la route qui n'est qu'un mur couché, le mur qui n'est qu'une route debout — voilà ses vrais chefs-d'œuvre. En fait, pour que la dimension du temps, de la mémoire et de la mort retrouve, à Rome même, une expression originale, fort éloignée d'ailleurs du hiératisme étrusque ou byzantin, il faut attendre jusqu'au premier baroque.

Pour en finir ici avec les *Tusci,* il reste à ajouter que le nom même de Rome pourrait bien être, lui aussi, un nom étrusque. Selon les uns, il viendrait d'un mot — *Rumon* — qui signifierait « la ville du fleuve ». Pour d'autres — plus nombreux aujourd'hui —, Rome serait la ville des *Ruma* — famille aristocratique d'origine toscane. Et puis, bien sûr, vous pouvez vous amuser à rapprocher *Roma* de *ruma* — le sein, la mamelle, dont Umberto Todini rappelait à l'instant le lien symbolique avec la figue.

Ou même, à la rigueur, rêver que le nom de Rome n'est que le reflet, dans un miroir, du mot *amor*. L'amour, grande force mythique présidant à l'union des êtres. L'amour, grand rassembleur des peuples. *Amor, Roma :* la Rome des papes fit-elle autre chose, après celle des empereurs, que de perpétuer, sous d'autres formes, ce rêve œcuménique vieux comme les religions elles-mêmes?

Ici, à Rome, on n'échappe pas facilement aux fantasmes et aux mythes. Au passé, à l'histoire, au discours sur l'histoire. Aux ruines et à la tentation d'y méditer. On voudrait bien, mais on ne peut pas... Sans cesse le rêve vous ressaisit. J'aimerais par-dessus tout parler de la ville d'aujourd'hui, de celle où j'ai vécu, d'où je reviens, de la géographie qu'elle a pour moi, de ceux de ses visages qu'elle m'a laissé apercevoir. Pourtant je suis repris, à tout instant, par ce poids de légendes qui, ici, est partout imbriqué dans le présent, s'entrelace avec lui et compose ce rébus, ce mystère, cette énigme dont le *mot*, sans doute, n'est rien que « Rome »... Mais qui ne se laisse pas déchiffrer si facilement.

Un exemple, entre mille. Il est un lieu, dans Rome, qui m'a toujours paru plus magique que les autres : c'est l'*isola Tiberina.*

Aujourd'hui, l'île n'est guère connue des touristes

que pour la trattoria, justement célèbre, qui se trouve au débouché du pont Fabricius. Mais le soir, comme les quais du Tibre ont mauvaise réputation — on n'y croise, en fait, que quelques travestis —, l'endroit est désert. Et même de jour, peu nombreux sont les promeneurs qui viennent pour y flâner. Pourtant, ce lieu dégage un magnétisme étrange. Aussi n'ai-je pas été très étonné lorsque j'ai appris le mythe qui conte les origines de l'île. Il n'a fait que m'expliquer ce que je ressentais déjà. (Eh oui, au bout de peu de temps, à Rome, c'est le mythe qui explique tout...)

Tout le monde aura remarqué que l'île a, plus ou moins, la forme d'un bateau. Or le mythe dit précisément que la nef qui amenait Esculape, dieu de la médecine, en Italie, se serait arrêtée là. Aussitôt, le serpent qui accompagne toujours le dieu aurait sauté à terre afin de sanctifier l'endroit. Pour cette raison, un temple à Esculape fut édifié sur l'île en 289 avant notre ère. Et dans ce temple, comme dans le sanctuaire d'Asclépios à Epidaure, des prêtres guérissaient les malades. Plus tard, la ressemblance de l'île avec une barque fut renforcée par l'adjonction d'une « proue » et d'une « poupe » en travertin, cependant qu'en son centre était fixé un obélisque — représentant le maître-mât.

Il ne s'agit encore, me direz-vous, que de légendes. De vagues souvenirs qui n'ont pas laissé de traces — sinon pour les archéologues. Détrompez-vous. L'île est toujours consacrée à Esculape. Ou plus exactement à la médecine. Car si le temple du dieu grec a été détruit et remplacé par une église, San Bartolomeo (presque toujours fermée), le bâtiment le plus important de l'île est, aujourd'hui, un hôpital. Un hôpital fort réputé d'ailleurs, le Fatebenefratelli, qui passe pour être l'un des meilleurs de Rome... et dont l'institution remonte à 1548. Bref, les dieux ont changé, les prêtres aussi, mais le sacré est toujours là.

Et il en est ainsi partout. Partout le mythe et la réalité, le présent et le passé se confondent. D'une part on a, comme dans le cas de l'île, un changement d'édifices avec conservation de la fonction. Ailleurs, on a souvent l'inverse : un changement de la fonction avec conservation de l'édifice. Je m'explique. Prenez, par exemple, les thermes de Dioclétien, près de la gare de Termini. Malgré les inévitables destructions qu'a imposées le temps, les fondements de l'édifice et ses principaux murs sont encore debout. Mais une partie — l'ancienne salle du *tepidarium* — est devenue, grâce aux aménagements que Michel-Ange y pratiqua entre 1563 et 1566, une église, Santa Maria degli Angeli (dont la façade concave appartenait, sans doute, au *caldarium*). Dans une autre partie des thermes, c'est un couvent de chartreux qui s'installa — lequel est actuellement occupé par le musée National romain et abrite... des fresques venant de la maison de Livie sur le Forum. Enfin ce qui, des thermes, s'étendait à l'ouest, vers l'actuelle rue de Paris, est aujourd'hui occupé par la Facoltà di Magistero — l'une des deux grandes universités de Rome —, et par un planétarium transformé il y a peu en cinéma... Qui dit mieux?

C'est, sans doute, cette permanence du passé dans le présent, bref cet anachronisme constant, qui n'a, depuis vingt siècles, cessé d'obnubiler tous ceux auxquels est venue l'envie de ressusciter le vieil empire romain. Les papes, d'abord; Napoléon, ensuite — qui fit de son fils le symbolique roi de Rome; les pères de l'unité italienne, peut-être; et, bien sûr, Mussolini. La louve, chaque fois, reprend du poil de la bête... Car même si le rêve, chaque fois, se brise, d'autres, plus tard, le ranimeront.

Rome, centre du monde : voilà un fantasme qui a eu la vie dure. Il est vrai que les mythes, là encore, l'ont soutenu. Il suffit de relire — non pas toute la légende de Romulus — mais le fragment où nous est présenté *l'acte* même *de fondation* de l'Urbs. Texte éclairant pour le futur. Nombreux sont les apprentis-chefs qui viendront y puiser leur inspiration. Prenons-le donc chez Plutarque, et mieux encore dans la traduction d'Amyot, qui fut sans doute l'une des plus lues. Tout y est :

« (...) Comme Romulus fit faire un fossé à l'entour du pourpris, qu'il voulait enfermer de murailles, non seulement il (Rémus) s'en moqua par mépris, mais encore empêcha l'œuvre, et à la fin par manière de moquerie sauta par-dessus. Bref il fit tant, que finalement il y fut tué de la main propre de Romulus (...) Au reste, Romulus, ayant enterré son frère (...), se mit à bâtir et fonder sa ville, envoyant quérir des hommes en la Toscane, qui lui nommèrent et enseignèrent de point en point toutes les cérémonies qu'il avait à y observer selon les formulaires qu'ils en ont, ni plus ni moins que si c'était quelque mystère ou quelque sacrifice. Si firent tout premièrement une fosse ronde au lieu qui maintenant s'appelle Comitium, dans laquelle ils mirent des prémices de toutes les choses dont les hommes usent légitimement comme bonnes, et naturellement comme nécessaires; puis y jetèrent aussi un peu de la terre dont chacun d'eux était venu, et mêlèrent le tout ensemble (cette fosse en leurs cérémonies s'appelle le Monde, du même nom que les Latins appellent l'Univers), et à l'entour de cette fosse tracèrent le pourpris de la ville qu'ils voulaient bâtir, ni plus ni moins que qui décrirait un cercle à l'entour d'un centre. Et cela fait, le fondateur de la ville prend une charrue (...) et, lui-même conduisant la charrue tout à l'entour du pourpris, fait un profond sillon (...) Cette trace du sillon est le circuit que doit avoir la muraille (...) Mais au lieu où ils ont pensé de faire une porte, ils ôtent le soc et portent la charrue, en laissant un espace de terre non labourée : d'où vient que les Romains estiment toute l'enceinte des murailles sainte et sacrée, excepté les portes [1]... »

C'est clair. A l'origine était la fosse. Une fosse que les Latins nommaient du même nom que « le Monde ». Comme si ce trou était un microcosme. Ou bien encore un prisme dans lequel l'univers se serait réfracté et à partir duquel, réciproquement, on aurait pu reconstruire l'univers. A l'entour de cette fosse, un fossé : celui que borderont les murs dont Romulus, du soc de sa charrue, a tracé le dessin. Murs qui se referment sur un lieu vide, du fait que nul n'a le droit d'y pénétrer — si ce n'est, bien sûr, en empruntant les portes officiellement prévues à cet effet. C'est qu'il ne s'agit point là de n'importe quel espace, mais de l'espace le plus précieux de tous : celui de la *romanitas*. Désormais Rome est l'ombilic du monde. Sa puissance rayonnera dans toutes les directions. Et c'est à partir d'elle que la terre se ré-orientera. L'Orient lui-même, n'est-ce pas de se trouver à l'est de Rome qu'il tire son nom? Les

1. *Vie de Romulus,* chap. XV-XVI.

Etrusques, qui en venaient, furent les premiers à le savoir : ce fut chez eux, en leur Toscane, qu'on envoya chercher des Maîtres qui connussent le rituel à accomplir pour fonder Rome. Comme si, ajoute Plutarque, c'était d'un grand mystère qu'il s'agît là — d'un grand mystère, ou bien d'un *sacrifice.*

D'un sacrifice, sans doute, la fondation d'une ville — et surtout de *la* Ville, de l'Urbs par excellence — a tous les caractères. Et cela, tout d'abord parce qu'il ne peut y avoir de ville que là où il y a du sacré — pour autant que le sacré, c'est la ville *qui le fait.* La ville n'étant rien d'autre, en somme, que le dispositif spatial réalisant, aux yeux des hommes, les pouvoirs du sacré. Pouvoirs dangereux (voyez le sort de Rémus), mais aussi bénéfiques (de Rome nous vient toute civilisation). Bref, pouvoirs ambigus — comme il convient, dirait Girard, à tout ce qui naît de la violence. Car Rome est née de la violence. Elle est issue d'un fratricide. Elle s'est fondée sur un assassinat politique. Mais également sur *l'oubli* de ce meurtre. Et sur la réaffirmation des différences dont l'imprudent Rémus s'était gaussé. Désormais, en effet, les murailles délimitent deux régions dans l'espace, l'une fortement valorisée, l'autre en proie à la sauvagerie. D'un côté la nature, de l'autre la société.

Et au milieu de cette dernière, la naissance d'un pouvoir, *imperium.*

Le premier acte de Romulus est de nommer des sénateurs. La hiérarchie s'installe. Le haut et le bas, le proche et le lointain, l'Occident et l'Orient : toutes ces régions se constituent symboliquement, sept cent cinquante-trois ans avant notre ère, à partir de ce trou primordial creusé par Romulus, à partir de ce vide qui est aussi un centre, à partir de ce centre qui est aussi un microcosme, à partir de ce *mons* — le Palatin — qui est une ziggurat — qui est enfin, provisoirement, la source de toute culture.

Beaucoup s'en souviendront, au fil des siècles. Un certain Pierre, d'abord, qui viendra jusqu'ici pour mourir et fonder, par son immolation, un empire spirituel dont l'héritier habite, toujours, dans la même ville.

Les pères de l'Italie moderne, ensuite, puisque c'est à Rome qu'ils transféreront, en 1870, la capitale du royaume unifié.

Et puis les dictateurs : Napoléon, Mussolini surtout — qui voudront retrouver, eux aussi, la position du fondateur d'empire — mais qui ne sauront pas *se sacrifier* à temps.

Sans parler, pour finir, de ceux qui cherchent, aujourd'hui même, à détruire toute culture — on les appelle les *terroristes* — ou à en inventer une autre — elles se disent *féministes.*

Bref, depuis deux mille... sept cent cinquante-trois ans, Rome n'a pas renoncé à être au centre. Sinon du monde, au moins de l'actualité.

Ce n'est déjà pas rien.

Tous les jours, à la poste centrale, arrive un abondant courrier au nom de l'Enfant Jésus.

Il est acheminé régulièrement à son destinataire. Un facteur le Lui porte, que j'ai suivi pour vous.

Chaque matin, donc, ce facteur sort de la grande poste située sur la place Saint-Silvestre et s'engage, d'un bon pas de facteur, dans la via del Corso.

Là, il ne faut pas trop musarder si l'on veut suivre sa trace. Je ne vous dis donc que quelques mots sur cette rue, d'autant qu'elle n'est vraiment pas propice à la promenade.

Longue et étroite comme un couloir d'hôpital peint en noir, la via del Corso n'est en fait que la partie terminale d'une célèbre route antique, la via Flaminia (route de l'Adriatique). Elle ne fut pourtant remise en état qu'à la fin du XVe siècle, et prit alors le nom de *Corso* parce que, chaque année au temps du Carnaval, le pape Paul II, grand plaisantin devant l'Eternel, y faisait donner des *courses* d'enfants, de chevaux, de vieillards et de Juifs pour amuser le bon peuple. C'est fou ce que ça pouvait amuser les gens de voir les Juifs courir. Ou bien, par exemple, rouler dans des tonneaux poussés par quelques braves chrétiens. Enfin, c'était la fête. Et lesdites courses se terminaient en général devant le palais de Saint-Marc, où se trouvaient les appartements pontificaux. Plus tard le palais devint la résidence des ambassadeurs de Venise. Plus tard, encore, Mussolini y installa son bureau et fit abattre la moitié du Forum pour pouvoir voir, depuis sa fenêtre, le Colisée. Quant au Corso, il avait pris, entre-temps, le nom d'Umberto Ier. Malheureusement le dernier roi d'Italie, celui qui dut se démettre en 1946 après un règne de trente-quatre jours, s'appelait lui aussi Umberto. Pour chasser son souvenir en même temps que sa personne, les Romains inventèrent donc une troisième appellation, celle de « via del Corso ». Ce qui, vu le sens pris — même en français — par le mot « Cours », signifie à peu près : la rue de la rue.

Donc, le facteur la remonte. Il la remonte jusqu'à la place de Venise et là, arrivé au pied de cette grande chose blanche qu'on surnomme la « machine à écrire » et qui n'est pourtant, en dépit de sa forme étrange, qu'un monument à l'Unité italienne, le facteur se souvient que l'auteur de ce chef-d'œuvre est mort fou. Alors il tourne à droite. En direction du Capitole. Mais il ne monte pas sur la célèbre place dessinée par Michel-Ange, et où trône la plus ancienne statue équestre du monde. Il emprunte un autre escalier, celui qui, sur la gauche, conduit à l'église Santa Maria in Aracœli.

Pénétrant dans celle-ci, il ne peut tout d'abord s'empêcher de regarder, une fois de plus, les fresques du Pinturicchio dans la première chapelle à droite. Et il se dit chaque fois que le Pinturicchio est bien l'un des plus grands peintres de la Renaissance, quoique ce ne soit guère l'avis des spécialistes. Mais il se ressaisit vite. Et comme il est facteur et que son travail consiste avant tout à porter le courrier, il se hâte vers le fond de l'église et, là, dépose un paquet de lettres aux pieds de l'Enfant Jésus.

L'Enfant Jésus d'Aracœli est une petite statue en bois, aujourd'hui recouverte d'ex-voto. Elle a été sculptée dans le tronc d'un olivier de Gethsémani et rapportée à Rome, vers la fin du XVe siècle, par les soins d'un religieux franciscain. Depuis, elle a toujours fait l'objet d'une vénération particulière qui dépasse de loin Rome, puisque le courrier qu'elle reçoit vient des quatre coins du monde. J'ai vu des lettres expédiées de Sydney, de Quito et de Johannesburg. Il y a des malheureux partout. Il y a, partout, des gens qui ont une grâce à demander.

L'Enfant Jésus a été couronné, sur ordre du Vatican, le 2 mai 1897.

Tous les jours, un prêtre vient retirer une petite partie du courrier qui s'entasse aux pieds de la statuette. Ce courrier n'est jamais ouvert. Il n'est jamais détruit. Mais on le conserve soigneusement : Celui qui doit le lire peut bien le faire, s'Il veut, sans le décacheter.

Après l'Enfant, la Mère.

Comme la plupart des Italiens, les Romains manifestent une dévotion toute particulière à l'égard de la Vierge Marie.

Et contrairement à ce que certains esprits chagrins pourraient penser, cette dévotion ne s'exprime pas seulement de manière inversée, par ces affreuses bordées de jurons mettant en cause l'honneur de la Sainte

Famille — dont Romains, Siciliens et Napolitains paraissent avoir le secret. Du reste, l'étude ethnologique des jurons italiens — qui permettrait de replacer cette difficile question dans le contexte qui lui est propre — reste entièrement à faire.

Non. L'amour pour la Vierge se traduit tout d'abord de façon beaucoup plus respectueuse. Dans la piété populaire, la Madone tient encore une grande place. Et si les icônes placées au coin de certaines rues, dans le vieux Rome, ne sont plus aujourd'hui aussi bien entretenues qu'elles l'étaient autrefois, la coutume de l'ex-voto, en revanche, demeure vivante. Pour rendre grâce d'une guérison, ou d'un vœu exaucé, les Romains continuent d'offrir, à une statue de la Vierge, des bijoux ou des objets précieux accompagnés d'un court texte de remerciement.

Certaines églises sont ainsi plus particulièrement « dotées » que d'autres. Dans celle de Sant'Agostino, près du Champ de Mars, une Madone de Sansovino, exécutée en 1516, est entourée d'une foule d'offrandes votives : il s'agit là, apparemment, d'une des images de la Vierge les plus vénérées par les Romains. On peut voir encore, tout à côté, de ces peintures naïves exécutées sur bois par des fidèles reconnaissants — dont le musée des Arts et Traditions populaires, à l'E.U.R., possède une si belle collection. Elles montrent, en couleurs criardes, un enfant tombé d'une échelle et miraculeusement vivant; ou bien la Sainte Vierge apparaissant au-dessus d'un accident de voitures et sauvant la vie des conducteurs... La statue de Sansovino n'est d'ailleurs pas honorée que par le peuple : des princes de l'Eglise, des cardinaux, des papes sont venus se prosterner ici. Le cardinal Schuster y a même laissé, sous forme écrite, un témoignage de sa dévotion. Je ne résisterai pas au plaisir de vous traduire ce texte parce que je le trouve, tout simplement, très beau :

« Lorsque j'étais encore enfant, la maladie m'avait réduit à tel état que les médecins désespéraient déjà de ma vie. Alors ma maman courut à Sant'Agostino, se jeta aux pieds de la Madone et obtint ma guérison.

« J'écris ceci en reconnaissance pour la Madone, et en mémoire de ma bonne maman, qui m'a fait voir, par son exemple, les trésors de la piété chrétienne et de la dévotion envers la Sainte Vierge.

« A Rome, souvent, je me suis prosterné devant la Madone de Sant'Agostino, et j'y suis même retourné étant cardinal, en souvenir de ma chère maman. »

Sic.

Mais la Vierge de Saint-Augustin, si importante soit-elle, n'est rien à côté de celle du Divin Amour. C'est bien simple : ici, ce n'est plus de la dévotion, c'est de la rage.

Imaginez un endroit ravissant, perdu dans la campagne à quelques kilomètres au-delà de ce que les Romains appellent le *grande raccordo anulare* — cette autoroute circulaire qui ceinture l'agglomération. Sur une colline, une modeste église, construite au XVIIIe siècle. Trop petite pour accueillir la masse des fidèles, elle est toujours entourée d'une foule de pèlerins chantant des cantiques — tout au moins si vous vous y rendez pendant la « saison » du pèlerinage, entre le lundi de Pentecôte et la fin du mois d'octobre.

C'est qu'il ne s'agit pas là d'une église comme une autre, et l'image qu'elle contient ne représente pas n'importe quelle Vierge, mais bien *la protectrice de Rome*. Ce sanctuaire est donc celui de la Ville tout entière. Et, par surcroît, celui du parti démocrate-chrétien.

Son histoire? Elle est simple. L'icône bénéfique aurait été peinte dès le XIVe siècle, mais demeura longtemps sans se faire remarquer dans la tour d'un château qui se trouvait sur ces lieux. C'est en 1740 qu'un berger, ayant réussi à échapper à des chiens enragés, attribua pour la première fois ce « miracle » à l'intervention de la Madone voisine. Le bruit s'en répandit : aussitôt les malades se mirent à accourir en foule. Et il faut croire que des miracles se produisirent puisque, cinq ans plus tard, l'église fut érigée.

Depuis, les fidèles reconnaissants ont multiplié les ex-voto. Ceux-ci couvrent aujourd'hui les murs de plusieurs salles. On y voit, par exemple, une impressionnante collection de béquilles en tous genres. Innombrables sont aussi les chemises de bébés — ou guéris de quelque maladie, ou nés à la suite d'un vœu. Des automobilistes sauvés d'un grave accident ont apporté ici des photos où l'on voit ce qui reste de leurs voitures écrabouillées. Même les rescapés de l'expédition Nobile — qui étaient restés trente-quatre jours sur les glaces du pôle — ont attribué leur sauvetage miraculeux à la Madone du Divin Amour. C'est vers elle également que se tournent les sportifs en quête de succès : des motocyclistes viennent lui offrir leur casque, des cavaliers leur bombe. Eddy Merckx, quant à lui, a fait don d'une de ses bicyclettes. Celle-ci trône actuellement au milieu d'un mur tapissé d'offrandes, accompagnée du certificat qui l'authentifie...

Pendant la dernière guerre, l'icône miraculeuse fut transportée à Rome : c'est grâce à elle, disent les Romains, que la ville ne fut pas détruite par les bombardements. Pie XII la raccompagna, en grande cérémonie, jusqu'à son humble sanctuaire. Où Jean XXIII, lui aussi, est venu prier. Je crois qu'à Rome, au fond, on aime *cette* Vierge plus encore que *la* Vierge. Jean Paul Ier, qui vénérait l'une comme l'autre, était sans doute dans la bonne voie. Mais les théologiens, gens de peu de foi, avaient du mal à le suivre : on dit que certains tiquèrent le jour où le pape, en pleine audience, déclara que Dieu n'était pas seulement un papa, mais aussi une maman.

Au reste, la rencontre du pape et de la Vierge donne lieu, à Rome, à de grandes festivités annuelles. Le 8 décembre, en effet, jour de l'Immaculée Conception, la statue de la Madone qui se trouve près de la place d'Espagne, devant le palais de la Propagation de la Foi, voit sa couronne de fleurs changée. A cette occasion le pape sort du Vatican et vient prononcer, au pied de la statue, une brève allocution. Et comme on peut, ce jour-là, l'approcher d'assez près, nombreux sont les fidèles qui accourent de tous les coins du Latium pour le voir.

Dès le matin, la place est fermée à la circulation. Des barrières sont placées de part et d'autre de l'étroit couloir par où s'approchera la limousine pontificale, et la foule commence à s'entasser. Des petites vieilles ont apporté leur pliant, leur tricot, leurs biscottes. Sur le balcon de son palais — qui occupe tout un côté de la place —, l'ambassadeur d'Espagne auprès du Saint-Siège, vêtu de son grand uniforme, se croit au *paseo*. Vers le début de l'après-midi, des offrandes de fleurs et de fruits, des couronnes offertes par l'American Express aussi bien que par les fonctionnaires de la commune, sont apportées par des carabiniers et disposées artistiquement au pied de la statue par de jeunes prêtres frais émoulus des bons collèges.

Sur les quatre heures, arrivent les cardinaux et les évêques. Immédiatement, on ne voit plus rien — rien qu'un horizon de soutanes noires. Le peuple, qui attend *son* pape depuis plusieurs heures, est justement furieux. Des voix de protestation s'élèvent. La tension monte.

— Enlevez-vous de là! s'exclame un brave homme rouge de colère à l'adresse des abbés de cour, qui font beaucoup d'esbrouffe pour se faire remarquer. Vous, vous voyez le pape tous les jours; nous, c'est une fois par an!

Finalement, le pape arrive au milieu de la mêlée générale. Debout, dans sa grosse américaine noire, il salue des deux bras. La foule applaudit, longuement. Comme au théâtre.

Mais la solennité revêt aussi une certaine importance politique. Car le pape n'est, dans Rome, qu'un étranger : citoyen du Vatican, il doit être accueilli, comme tout visiteur officiel, par le maire de la ville. Celui-ci vient donc à sa rencontre, et les deux hommes se serrent la main : or cette poignée de main peut être forcée, chaleureuse, molle... bref, lourde de signification diplomatique. Tout dépend du maire. En décembre 1976, par exemple, c'était Giulio-Carlo Argan. Un excellent historien d'art, me direz-vous, saisi tardivement par la politique. Oui, mais aussi le premier maire d'une capitale européenne à s'être fait élire sur une liste communiste... Bref, en le saluant amicalement, le pape Paul VI ne donnait rien de moins que son aval à la nouvelle stratégie démocrate-chrétienne — cette stratégie de la collaboration avec les communistes, dont l'inventeur reste sans doute Aldo Moro. Et tout le monde respira, parce que, en Italie, on ne fait pas de politique contre le pape.

C'est ainsi. Qu'on s'en réjouisse ou qu'on s'en plaigne, le pape n'est pas seulement le chef spirituel de tous les chrétiens. Il demeure, pour beaucoup d'Italiens, un guide politique.

Il faut bien se dire que jusqu'en 1870, il fut le maître incontesté de Rome : il y a à peine un siècle qu'il ne l'est plus. Et un siècle, est-ce suffisant pour renverser des mentalités qui, en deux millénaires, n'avaient guère évolué?

Après Jésus et la Sainte Vierge, le pape reste donc, à Rome, une figure capitale. Bon gré, mal gré, le Quirinal doit tenir compte du Vatican. Et si l'on « oublie » de demander au Saint-Père son avis sur une question publique, il ne manque pas de se rappeler à l'opinion.

Paul VI avait même tendance — au moins dans les dernières années de son pontificat — à en rajouter. On se souvient, entre autres, de ses ultimes prises de position contre la législation italienne sur le divorce, pourtant bien peu accommodante. Ou encore de la façon dont fut suspendu *a divinis* Mgr Franzoni — évêque-abbé de Saint-Paul-hors-les-Murs —, coupable de s'être opposé à ce que les Italiens appelaient le « néo-temporalisme » du Saint-Père.

Au reste, l'ambiguïté du rôle pontifical est accentuée du fait que le chef universel de l'Eglise catholique est aussi l'évêque de Rome. Et qu'il tient beaucoup à conserver ce titre, même s'il ne s'intéresse qu'épisodiquement à son évêché — dont un vicaire a, en pratique, la charge.

On pourrait même prétendre que, du point de vue historique, le pape est *avant tout* évêque de Rome.

La papauté n'est, en effet, qu'une conséquence lointaine du voyage que saint Pierre, au soir de sa vie, effectua dans la capitale de l'empire. Il est vrai que sur ce voyage, nous ne savons pas grand-chose. Il n'empêche que la tradition qui veut que Pierre fût martyrisé ici, sous Néron, est sans doute authentique. En tout cas, les évêques qui lui succédèrent arguèrent de ce fait pour établir leur suprématie. Ils furent aidés en cela par la position politique et administrative de Rome, qui resta capitale jusqu'en 476.

Le terme même de pape dérive du latin *papa,* titre honorifique signifiant *père,* donné à l'origine à tous les évêques et réservé, peu à peu, à celui de Rome. Au reste, depuis Calliste au moins (vers 220), l'évêque de Rome revendique, en tant que « successeur » de Pierre, une supériorité spirituelle sur ses collègues. Et l'on peut considérer qu'avec saint Léon (440-461), la doctrine de la primauté papale est achevée : la Rome apostolique apparaît dès lors comme l'héritière de l'antique Rome impériale.

Et pendant les dix premiers siècles de l'ère chrétienne, le pape continue d'être élu par le clergé de Rome — représenté, à partir de 1059, par les cardinaux. Longtemps ceux-ci resteront, dans leur majorité, italiens. Mais les conclaves tels que nous les connaissons aujourd'hui ne datent, en fait, que d'un règlement formulé par Grégoire X au second concile de Lyon (1274).

En effet, après la mort de Clément IV, le 22 novembre 1268, les cardinaux s'étaient réunis à Viterbe. Ils n'étaient que dix-sept et cependant ils ne réussirent pas à se mettre d'accord. L'intervention des plus hautes autorités civiles et spirituelles de l'époque n'y fit rien. Finalement, le peuple de Viterbe, las de ces atermoiements, se souleva, et Reynier Gatto, gouverneur de la ville, décida d'enfermer les cardinaux dans un palais (d'où le nom de conclave : *cum clave,* à clef). On réduisit les prélats au pain et à l'eau et, comble d'effroi, on ôta le toit de l'édifice. Exposés aux intempéries, les cardinaux, dont le nombre s'était, entre-temps, réduit à quinze, finirent alors par se mettre d'accord sur un obscur diacre liégeois — il n'était même pas prêtre — qui devint pape sous le nom de Grégoire X, et dirigea l'Eglise d'une main de fer.

Car ce fut Grégoire X, élu le 1er septembre 1271 après une vacance de deux ans, neuf mois et dix jours, qui fit du conclave une institution. Pour plus de sûreté.

Par la suite, les grandes lignes de l'élection pontificale demeurèrent inchangées. La seule innovation consista à convoquer, en 1878, le conclave dans la chapelle Sixtine (c'était pour l'élection de Léon XIII). Jusque-là, en effet, les cardinaux se réunissaient dans les lieux les plus divers — dans des églises comme Saint-Jean-de-Latran, ou même au Quirinal (qui fut une résidence d'été des papes, avant de devenir celle des rois italiens, puis de leurs successeurs, les présidents).

Aujourd'hui, les précautions prises pour isoler les cardinaux durant le conclave paraissent quelque peu anachroniques. Ces hommes âgés, souvent malades, qui viennent des quatre coins du monde — est-il bien nécessaire de les cloîtrer ainsi? Et est-il réellement dans l'intérêt de l'Eglise que les discussions préliminaires à l'élection pontificale soient entourées d'un tel secret? On peut en douter.

Pourtant, ce secret a eu son utilité. Jusqu'au XIXe siècle, l'élection du pape, c'était aussi l'élection du chef temporel de Rome. Et, pendant les périodes de vacance du trône, les cardinaux avaient effectivement besoin d'être protégés de la foule... Dans l'interrègne qui séparait deux pontificats, tout pouvoir s'effondrait. Rome, alors, redevenait la proie de la violence. Aux émeutes populaires, s'ajoutait la délinquance : voleurs et assassins avaient la partie belle. Les chroniqueurs du XVIe siècle, d'ailleurs, nous parlent avec horreur de ces moments : « Il ne se passe pas de jour, écrit l'un d'eux, sans que maint homicide ne soit commis... Des hommes et des femmes sont découverts, tués, en différents lieux, et beaucoup d'entre eux ont la tête coupée; d'autres, également privés de tête, sont retrouvés dans le Tibre où ils avaient été jetés... » On comprend que dans ces conditions les conclaves se soient faits, au fil du temps, de plus en plus brefs.

Reste une autre forme de violence, contre laquelle les hauts murs du Vatican ne peuvent rien : celle qui, à l'intérieur même de l'Eglise, et surtout de la Curie, oppose partisans et adversaires de tel pape, ou de tel candidat. Il faut bien évoquer l'existence de ces conflits — souvent occultes — puisque l'Eglise, après tout, est faite d'hommes, non de saints... Evidemment la violence, ici, s'arrange pour ne pas laisser de traces, et l'on ne recueille jamais, tout au plus, que des rumeurs. Ainsi, à la mort de Pie VIII, des bruits coururent-ils selon lesquels le Saint-Père aurait été assassiné. Les mêmes bruits se sont fait réentendre à la mort de Jean Paul Ier. C'était prévisible : dans une Italie où, depuis la Renaissance au moins, le crime politique n'a jamais cessé d'être pratiqué, la première réaction des Romains en apprenant la mort d'Albino Luciani — si peu de temps après celle de Moro — devait être de crier au meurtre.

Jean Marcilly, l'envoyé du *Figaro,* a observé cette réaction jusque chez le policier qui, lui ouvrant le chemin place Saint-Pierre, l'invectiva en ces termes :

— Vous êtes journaliste, et vous n'avez pas honte de cacher qu'on nous a tué notre pape? Allez donc faire votre travail...

Exagéré ou pas, le propos témoigne, dans sa passion même, de l'échauffement des esprits. Impatient de mettre un terme à ces rumeurs fâcheuses, un prélat s'empressa d'affirmer que, de toute façon, les constitutions pontificales interdisaient de pratiquer l'autopsie du Saint-Père. Vingt-quatre heures plus tard, tomba le démenti : sans doute l'autopsie du pape n'a-t-elle jamais été pratiquée — mais rien, en droit, ne s'y oppose. Bref, l'incertitude demeura... Rapidement effacée, il faut le reconnaître, par le choix surprenant du successeur de Jean Paul Ier.

Le 16 octobre 1978, en effet, les cardinaux ont mis fin à une tradition vieille de quatre cent cinquante-cinq ans. Ils ont élu un pape non italien. Et les Romains ont été beaux joueurs.

— Voyez comme nous sommes, m'a dit un chauffeur de taxi : la même année, nous avons laissé échapper la coupe du monde de football et le trône de saint Pierre...

Mais qu'importe! Karol Wojtyla parle bien l'italien, il a *bella figura*, il chante bien, il bénit bien : faisons-lui donc crédit. L'évêque de Rome est polonais, mais cela ne semble pas devoir traumatiser les foules. C'est tout au plus si l'on a observé, ici ou là, quelques réticences.

Par exemple j'ai — fort indiscrètement — lu, sur le « registre des prières » placé au pied d'une statue de la Madone, dans une église dont je tairai le nom, ces quelques lignes écrites par une femme (anonyme) le 24 octobre, six jours après l'élection-surprise :

« Sainte Vierge, moi, ta fille, je te demande de me pardonner si, envers ce nouveau pape, j'éprouve un sentiment qui n'est pas de joie mais de répulsion. Et tu sais très bien pourquoi... »

Mais si l'on met à part ces petits mouvements d'humeur, inspirés par un nationalisme chatouilleux, la cote de Mgr Wojtyla est excellente. Ses moindres apparitions provoquent un grand concours de foule. Tout laisse penser, par conséquent, que son pontificat se déroulera sous des cieux plus cléments que celui d'Adrien VI, ce cardinal flamand qui fut le dernier pape non italien.

Né en 1459, Adrien VI avait été élu en 1522 après la mort de Léon X, et à la suite d'un long conclave auquel il ne s'était même pas donné la peine d'assister. Arrivé à Rome plusieurs mois après son élection, il échoua aussi bien dans ses efforts pour enrayer la Réforme que dans ses tentatives pour réconcilier Charles Quint avec François Ier. De plus, sa pingrerie devenue proverbiale provoqua l'hostilité de tous les cardinaux, dont il réduisit drastiquement le train de vie. Enfin, le peuple de Rome ne lui manifesta aucune espèce d'indulgence — et les « pasquinades » ne lui furent pas épargnées...

Dans la Rome de la Renaissance, le peuple exprimait sa verve satirique à l'égard des puissants du jour par des petits textes anonymes affichés sur certaines statues qui, ainsi, dialoguaient entre elles. De toutes ces statues parlantes, la plus célèbre est sans doute un fragment — surnommé *Pasquino* — d'un groupe antique représentant Ménélas et Patrocle, fragment que l'on peut toujours voir sur la petite place qui porte son nom, derrière la place Navone. Et, parmi les interlocuteurs de Pasquin, on ne peut manquer de citer « l'abbé Luigi », « Marforio », « le Porteur » ou « Madame Lucrèce », qui sont les plus connus. Marforio est le surnom d'une statue colossale de l'Océan qui se trouve actuellement dans la cour du Palazzo Nuovo, au Capitole, tandis que Madame Lucrèce est un buste de femme situé dans un angle de la petite place Saint-Marc, près du palais de Venise.

(De même, j'ai découvert récemment l'existence [1], à l'entrée de la rue Française à Béziers, d'une antique statue d'Auguste, à laquelle manque la tête, et qui, sous le nom de « Pépézuc », fait, depuis des temps immémoriaux, l'objet d'un culte populaire burlesque, particulièrement au moment des fêtes dites de « Caritachs » : ne sommes-nous pas, ici comme dans le cas des pasquinades, en présence d'un de ces rituels carnavalesques d'inversion, où le pouvoir est, l'espace d'une fête, tourné en dérision?)

Bref, Adrien VI avait quelques raisons de confier autour de lui que son avènement avait été le plus grand malheur de sa vie. En tout cas, ce malheur ne dura qu'un an : le pape mal aimé mourut en 1523. Et les cardinaux italiens, instruits par l'expé-

1. Cf. Daniel Fabre, *la Fête en Languedoc,* éd. Privat, 1977, p. 71.

rience, se promirent bien de ne plus élire que l'un d'entre eux. C'était sans doute le seul moyen d'être assuré que le nouveau pape ne chercherait pas trop à contrôler leurs dépenses... Quoi qu'il en soit, la tradition a tenu bon.

Jusqu'à ce jour d'octobre 1978 où, semble-t-il, aucune personnalité de premier plan ne sembla se dégager au sein du groupe, pourtant nombreux, des *porporati* italiens. Le choix de l'archevêque de Cracovie, suggéré par celui de Vienne (Kœnig) et soutenu par les cardinaux allemands, aura donc été, ce jour-là, l'idée géniale grâce à laquelle l'Eglise, en se livrant à une innovation spectaculaire et, tout compte fait, peu coûteuse, a su donner au monde, y compris aux incroyants, le sentiment qu'elle était encore capable de les surprendre...

(Au fait, pourquoi donc Jean Paul II, lorsqu'il s'est adressé aux incroyants, lors de son intronisation, a-t-il choisi de le faire en français? Serait-ce encore l'ombre de Voltaire qui nous représente à l'étranger?)

C'est en tout cas ainsi que l'archevêque de Florence — Mgr Benelli — qui avait fait élire Albino Luciani, et qui pouvait légitimement espérer lui succéder, s'en est retourné comme il était venu.

Vérifiant une fois de plus ce proverbe, fameux à Rome, selon lequel *chi entra papa nel conclave ne esce cardinale* [2].

2. Qui entre pape au conclave en ressort cardinal.

Que fera Wojtyla?

C'est la question que tout le monde se pose. Enfin, tous ceux qui s'intéressent aux affaires de l'Eglise.

Ne comptez pas sur moi pour faire des prédictions. Je ne suis pas prophète — surtout en matière religieuse...

Peut-être reprendra-t-il la politique d'austérité inaugurée par Adrien VI? C'est possible. Mais les cardinaux, cette fois, ne seront pas les premiers à en souffrir.

Leur train de vie est à l'abri de toute menace : il y a déjà longtemps, en effet, qu'il a été réduit. Non par la volonté d'un homme, mais par la force des choses. Par la dévaluation de la lire et par celle, également, de la générosité des fidèles.

Je ne veux pas dire, bien sûr, qu'ils soient à plaindre. D'ailleurs on leur a bien laissé quelques privilèges — surtout honorifiques, je m'empresse de l'ajouter. Par exemple, chaque nouveau cardinal dans le monde voit son titre associé à une église de Rome, où il a le droit de faire afficher ses armes et même d'être enterré s'il le désire... Mais de privilèges proprement financiers, il faut reconnaître qu'il n'en reste guère.

Certes, les cardinaux ne sont pas pauvres. On en rencontre d'ailleurs souvent — surtout parmi les francophones — au célèbre restaurant de *l'Eau vive,* tenu par des religieuses françaises dans un palais de la via Monterone. Le luxueux décor de cet étrange établissement et l'excellence de sa cuisine rappellent d'abord, au visiteur dépaysé, les fastes de la Renaissance — et même d'une Renaissance quelque peu orientale, si l'on en juge d'après les danses traditionnelles exécutées, les soirs de fête, par les serveuses vietnamiennes, après que les clients, entre poire et fromage, aient été fermement conviés à chanter, en chœur, l'*Angelus*... Mais on aurait tort de ranger ce restaurant parmi les plus frivoles de Rome. Il pratique en effet des prix fort raisonnables.

Bref, il faut s'y résigner : les cardinaux, aujourd'hui, ne donnent plus le scandale.

Quant au pape, il a renoncé, lui aussi, à mainte dépense inutile. C'est ainsi que Paul VI, voici quelques années, a supprimé les charges — d'ailleurs purement honorifiques — que se transmettaient héréditairement les chefs des principales familles de l'aristocratie romaine. Il n'y a donc plus de premier valet de chambre ni de grand chambellan. Les nobles, à ce qu'il paraît, en ont été fort marris. On murmure même que leur déception fut à l'origine de l'accueil chaleureux réservé par la princesse Pallavicini à Mgr Lefebvre — qui fut invité, en 1977, à célébrer la messe chez elle... Mais saint Pierre en a vu d'autres. Et l'Eglise suit son cours.

Au demeurant, si l'on a bien rogné sur les dépenses somptuaires, les nombreux déplacements pontificaux dus à la diplomatie active inaugurée par Paul VI ont apporté de nouveaux soucis au trésorier du Vatican. Il y a un siècle, lorsque le pape voyageait, il allait rarement plus loin que Frascati. Pie IX avait d'ailleurs un train spécial à cet effet — avec wagon-chapelle, pour dire la messe, et wagon-balcon, pour bénir les foules. Mais les temps ont changé. Les papes ont fait don de leur train au Museo di Roma, et se sont mis à prendre l'hélicoptère — pour aller à Assise — ou bien l'avion — pour se rendre à New York ou à Jérusalem. Avec d'immenses escortes, bien sûr.

Et puis n'allez pas croire que le pape soit, pour son Eglise, la principale occasion de dépenses. Car à côté du pape, il y a la Curie. Et quand je dis « à côté », je veux réellement dire que la Curie n'est pas moins importante que le pape. Au contraire : pape et Curie sont comme deux forces égales — mais opposées. Et celle-ci jouit même, par rapport à celui-là, d'un léger avantage, car elle possède cette immense supériorité des administrations sur les hommes politiques : la continuité.

La Curie, en effet, est une institution tellement ancienne qu'un pape nouvellement élu peut difficilement se permettre de s'opposer à elle. N'a-t-on pas dit, d'ailleurs, que telle avait été l'erreur de Jean Paul Ier? Fort déçu de l'ambiance qu'il avait trouvée au Vatican, celui-ci aurait confié à un ami, peu de jours avant sa mort inattendue :

— Tout le monde, ici, dit du mal des autres. S'ils le pouvaient, ils diraient également du mal de Jésus-Christ.

Le mot est rapporté par un journaliste de l'*Europeo,* Adriano Botta. On connaît celui de Jean XXIII qui, plus prudent, disait des cardinaux de Curie :

— Il y en a sept ou huit, là-dedans, qui sont au-dessus de moi...

Quoi qu'il en soit, l'énorme, complexe et résistante machine de la bureaucratie pontificale doit coûter cher. Très cher. Il n'y a qu'à voir tous ces petits *monsignori* — à Rome, n'importe quel prêtre travaillant au Vatican a droit au titre de « monseigneur » — pullulant par les rues ou dans les ambassades. On les rencontre plus fréquemment aux cocktails qu'à l'église. Le comble du chic, quand on habite Rome, c'est d'en avoir toujours deux ou trois sous la main — pour les montrer lorsqu'on reçoit. Sans doute leurs tâches sont-elles plus diplomatiques que religieuses. Il n'en reste pas moins que l'Eglise doit les nourrir, comme les autres. Heureusement qu'au Vatican, tout est détaxé!

(Du reste, parmi les avantages qu'il y a à fréquenter un *monsignore,* vous pouvez espérer qu'un jour il vous couvrira de whisky *duty free,* acheté au supermarché de Saint-Pierre, strictement réservé aux employés du Vatican...)

Et puis il y a les gardes suisses — car ils sont toujours suisses — avec leurs beaux costumes... Ceux-là aussi, il faut les entretenir — sans quoi l'Eglise n'aurait plus d'armée. Sans parler de la tradition sacrée selon laquelle, chaque fois qu'un pontife meurt ou que son successeur est élu, les gardes suisses doivent toucher le mois double. Du moins *c'était* une tradition sacrée... jusqu'à cette funeste année 1978. Car l'Eglise a commencé de faire des économies aux dépens des Suisses. Si ces derniers ont bien perçu un double mois à la mort de Paul VI, pour l'avènement de Jean Paul Ier on ne leur a attribué que deux cent mille lires (environ mille francs), « sans considération de leur fonction, en signe de pauvreté et par souci d'égalité » — comme le rapporte Alain Woodrow (*le Monde* du 1er-2 octobre 1978). Et rien du tout lorsque, un mois plus tard, tout fut à recommencer.

Il est vrai que les obsèques de Paul VI, le conclave et les cérémonies d'investiture de son successeur avaient coûté entre trente et quarante millions de francs. Et que l'histoire s'est répétée deux fois à un trop bref intervalle.

Sans doute le Vatican tire-t-il, de l'émission de timbres spéciaux destinés à commémorer ces grandes heures, quelques bénéfices substantiels. Mais qui ne suffisent plus à combler le déficit du budget. Car le budget de l'Eglise est cruellement en déficit. Comme celui de l'Italie, d'ailleurs. Seulement, en Italie, il s'agit d'un phénomène endémique. Au Vatican, c'est un fait nouveau. Et alarmant.

Bien sûr, le monde ne sera guère bouleversé par cette nouvelle. D'autant que l'Eglise est riche — riche en œuvres d'art, en biens immobiliers. L'*Europeo* — toujours à la pointe du scandale — avait même entrepris, voici deux ans, de recenser ceux-ci. On s'aperçut alors qu'en églises, en couvents et en palais, le Vatican possédait, directement ou indirectement, près de la moitié de Rome. Sans parler des immeubles de rapport dont la propriété se trouve, par différents intermédiaires, entre les mains de la banque du Saint-Esprit. Il paraît même que cette dernière détient, sous formes d'actions, une part non négligeable du bel hôtel Hilton, situé sur le Monte Mario... Seulement les biens ecclésiastiques coûtent plus — à entretenir — qu'ils ne rapportent. Riche en valeurs placées et immobilisées, l'Eglise est donc loin de l'être autant en bonnes espèces sonnantes et trébuchantes. Voilà pourquoi le trésorier de Saint-Pierre, il y a peu, s'est ému.

Mais les fidèles viendront-ils au secours de leur pape? Ou bien décideront-ils, un jour, de faire l'économie... du Vatican lui-même?

J'ai reçu, comme tout le monde, une vague éducation chrétienne. Je ne la renie pas. Mais je constate une chose : pour qui entre à Saint-Pierre, croyant ou non, la première impression est pesante. Cette église qui passe pour la plus grande du monde — et qui pourrait contenir, à l'aise, Sainte-Sophie d'Istanbul ou même Saint-Paul de Londres — a quelque chose de trop immense pour émouvoir le cœur. Elle s'adresse avant tout à l'esprit. Son but est de le terrifier. De faire lever en lui le sentiment que l'homme n'est rien, que Dieu est tout et que le pape est presque tout... Bref, Saint-Pierre doit faire peur, intimer le respect et inspirer la soumission. C'est ainsi que Bramante, Michel-Ange, le Bernin l'ont conçu.

Cependant, aujourd'hui que le pouvoir temporel des papes s'est réduit au gouvernement du plus petit Etat du monde (« Le Vatican? Combien de divisions...? » disait déjà Staline), aujourd'hui que les théologiens parlent davantage de « communion » et de « participation » que des flammes de l'Enfer et des bienfaits de l'obéissance, Saint-Pierre fait curieusement désuet. Tout ce lourd symbolisme destiné à rappeler le pouvoir de l'Eglise est un peu démodé. Tout comme le pape d'ailleurs — ou, plus exactement, comme la fonction pontificale.

Car bien que l'Eglise tente encore de peser sur le

cours des affaires italiennes, il faut bien reconnaître que les catholiques ont depuis longtemps renoncé à en découdre avec les Turcs. Quant au pape, il n'excommuniera plus personne (sauf Mgr Lefebvre, si vraiment ce dernier le désire). Enfin, je me suis même fait, sans trop de périls, quelques amis parmi les hérétiques... Est-il donc indispensable, dans ces conditions, que l'Eglise continue d'être gouvernée comme une monarchie de droit divin?

J'hésiterais peut-être à le dire si j'étais le premier. Mais de savants théologiens, déjà, l'ont suggéré. Et c'était prévisible. Car l'an de grâce 1978 a causé finalement plus de tort que de bien à la fonction pontificale. La mort puis l'élection, deux fois de suite, du Saint-Père, ont transformé le Vatican en théâtre, et le conclave en rituel. Théâtre étrange, rituel anachronique : grâce aux media, et la télévision aidant, le monde a vécu ce double avènement comme un jeu bizarrement distant. Sans même parler du luxe des cérémonies ni du parfum des traditions, il y avait déjà, dans le scénario des péripéties romaines, quelque chose de ce que les situationnistes auraient appelé un « spectacle ». Oui, même le Vatican, notre société a fini par en faire un simulacre, une marchandise comme une autre. A consommer, devant son poste, durant les brefs loisirs dominicaux...

Ajoutons-y l'effet, quelquefois désastreux, des spéculations politiques sur le nom des *papabili.* Le secret dont s'entourent les délibérations des cardinaux, cela a été dit maintes fois, n'est peut-être pas très sain. Alors? Ne serait-il pas temps, pour la plus vieille institution du monde occidental, de jouer à fond le jeu de la démocratisation? Et l'Eglise ne pourrait-elle se donner une direction collégiale — assurée, par exemple, par le synode des évêques? Ce serait peut-être le meilleur moyen de réaliser l'unité des chrétiens, puisque l'existence de la papauté est l'un des points — pour ne pas dire le point fondamental — qui a toujours empêché la réconciliation définitive des protestants et des orthodoxes avec les catholiques.

Que l'on y pense déjà, ici ou là, suffit à indiquer que le processus n'est pas inconcevable...

Il est donc bien possible que Jean Paul II soit l'un des derniers papes. Non point que l'Eglise soit promise à la ruine, ou que la fin du monde approche. Sans doute entendra-t-on souvent ce genre de rumeurs, dans les années qui viennent : la grande peur de l'an 2000 n'a-t-elle pas déjà commencé? Mais le pape peut aussi disparaître pour une raison plus simple : parce que l'œcuménisme aura triomphé.

Alors seraient réalisées les prophéties de Malachie et de Nostradamus — qui ne donnent plus, à Mgr Wojtyla, que deux successeurs. Après quoi, le trône de saint Pierre devrait rester vide.

Vide comme le siège de Bouddha, sur les premières sculptures du Gandhara.

Personne ne peut se vanter de connaître toutes les églises de Rome. Pas plus que les bistrots de Paris ou les pubs de Dublin. Il y en a trop.

Mais nul n'ignore, pourtant, qu'une hiérarchie subtile les ordonne (les églises, pas les pubs). Certaines sont bien plus importantes que d'autres. Voici d'abord, au sommet, les sept grandes basiliques (sept comme les collines, auxquelles d'ailleurs elles ne correspondent pas exactement; sept, également, comme les villes saintes de l'hindouisme) : Saint-Pierre, Saint-Paul, Saint-Jean-de-Latran et Sainte-Marie-Majeure, Sainte-Croix-de-Jérusalem, Saint-Sébastien et Saint-Laurent-hors-les-Murs. Les listes varient parfois, et l'on peut trouver Sainte-Marie-du-Peuple à la place de Saint-Sébastien.

Ce qui n'a pas varié, en revanche, c'est le statut privilégié qu'ont eu, tout au long de l'histoire, les quatre premières de ces églises. On les nomme d'ailleurs les basiliques « majeures ».

Et parmi ces dernières, une a, enfin, suprématie sur toutes les autres. Mais ce n'est pas celle que vous croyez. Non, ce n'est pas Saint-Pierre. C'est Saint-Jean-de-Latran.

Saint-Jean-de-Latran est en effet la cathédrale de Rome. Et c'est l'église où le pape, en tant qu'évêque de l'Urbs, doit venir officier.

Curieuse église, en vérité. Fondée par Constantin, qui en fit don au pape Melchiade — c'était en 313 —, elle fut détruite à plusieurs reprises — par les Vandales, par un tremblement de terre, puis par le feu — et chaque fois reconstruite, agrandie, embellie. Bref, tous les pontifes y ont laissé leur empreinte. La parcourir, guide en mains, c'est revivre vingt siècles d'histoire de la chrétienté. *Omnium urbis et orbis ecclesiarum mater et caput,* « mère et chef » de toutes les églises de la ville et du monde, Saint-Jean-de-Latran apparaît en effet comme l'œuvre de tant d'artistes, et de papes, différents qu'elle finit par ne plus être d'aucune époque, ni d'aucun style.

Il y a pourtant, ici et là, quelques curiosités à signaler...

D'abord, l'autel. Reconstruit par Pie IX à son propre usage — car seul le pape a le droit d'y dire la messe —, il recouvre un autre autel, en bois, sur lequel, dit-on, saint Pierre lui-même et ses premiers successeurs auraient officié. Beau symbole de continuité par-delà les siècles.

Non loin de là, une tombe pontificale : celle de Silvestre II. Il s'agit probablement du seul pape auvergnat de l'histoire de l'Eglise. Il mourut en 1003, laissant derrière lui une réputation de grand magicien. Pour cette raison, sans doute, une antique tradition veut que son tombeau se mette à suinter et qu'un léger cliquètement d'os en sorte — chaque fois qu'un pape est sur le point de mourir... Mais je n'ai pu découvrir si quelque factionnaire était chargé officiellement de guetter ces bruits.

Passons à la statue d'Henri IV. On la découvre avec surprise hors de l'église proprement dite, devant la façade du croisillon sud. Elle rappelle les dons que le roi de France fit aux chanoines de Saint-Jean. En échange, ceux-ci lui conférèrent le titre de « chanoine d'honneur ». Et ce canonicat, tout symbolique qu'il soit, a survécu à quatre siècles d'une orageuse histoire. Malgré la brouille de l'Eglise et de l'Etat, les présidents de la République française ont hérité du titre offert à leur illustre prédécesseur. Et depuis la Libération, trois présidents sur cinq — Coty, de Gaulle, Giscard d'Estaing — ont tenu, lors de leur passage à Rome, à prendre possession de « leur » église. Une façon comme une autre de rendre hommage au clergé de Rome. Et de faire pardonner, sinon oublier, le nombre inouï des « pieux établissements » possédés par la France dans la Ville éternelle — vieux sujet de querelle avec le Vatican...

Enfin, deux mots sur l'obélisque. Dressé en 1588 devant une porte latérale de la première église de Rome, il est aussi, par sa hauteur, le premier obélisque de la ville : quarante-cinq mètres, soit à peu près le double de celui de Saint-Pierre. Comme quoi les papes ont peut-être eu tort de préférer Pierre à Jean.

Non loin de Saint-Jean-de-Latran se trouve une autre vénérable basilique : Sainte-Marie-Majeure. Et pour se rendre de celle-là à celle-ci, le chemin le plus court consiste à emprunter la via Merulana.

J'aime beaucoup de villes, et encore plus de rues, mais j'ai une affection particulière pour la via Merulana. D'abord parce que j'y suis allé souvent, pendant un an, pour apprendre... l'hindi. Dans un vieux palais, le Palazzo Brancaccio, où Giuseppe Tucci, l'un des plus grands indo-tibétologues de notre siècle, a fondé un Institut oriental.

Ensuite, parce que cette rue est tout de même le personnage central d'un livre étonnant — *Quer brutto pasticiaccio di via Merulana* — écrit par un auteur encore bien ignoré en France, Carlo-Emilio Gadda. Et pourtant, il faut bien le dire : « la rue des Merles » n'a rien d'extraordinaire. Elle ne se distingue par rien, en apparence, de tant d'autres rues bourgeoises et commerçantes du quartier de l'Esquilin. Mais peut-être est-ce cette médiocrité, précisément, qui attirait Gadda.

Quoi qu'il en soit, l'immeuble « terne et miteux » où il situa son roman est toujours là. « Un de ces buildings du début du siècle, écrivait-il, de quoi vous coller un ennui mortel et une bobine d'enterrement. Tenez, juste le contraire de la couleur de Rome, du ciel et de l'éblouissant soleil de Rome... » Tout au plus peut-on remarquer que cette sinistre « caserne couleur linceul » a été — peut-être pour faire la nique à Gadda — repeinte en rose. A part cela, j'avoue qu'il n'y a pratiquement rien à dire de la via Merulana...

Rien, sinon un détail : le fait que cette rue fut percée à l'instigation du pape Grégoire XIII, en prévision du grand jubilé de 1575. Pourquoi? Parce que « dans un temps où Rome s'efforçait à nouveau d'attirer les grandes foules chrétiennes, comme l'écrit Jean Delumeau [1], il devenait urgent d'améliorer les voies d'accès aux églises les plus vénérables de la ville. En effet, pour obtenir les indulgences du Jubilé, il était, et il

1. Jean Delumeau, *Vie économique et sociale de Rome dans la seconde moitié du XVIᵉ siècle,* t. I, éd. de Boccard, 1957, p. 312.

est encore, nécessaire de visiter les quatre basiliques majeures (...) Saint Philippe Néri avait, en outre, remis en honneur la pratique du pèlerinage aux " sept églises " ». Cependant, toutes ces basiliques se trouvaient situées dans la zone des collines, relativement loin du centre médiéval constitué par le quartier qui se trouve à l'intérieur de la boucle du Tibre. Elles étaient donc quelque peu isolées au milieu d'un paysage plus rural qu'urbain, envahi de broussailles et de ruines, et dont la traversée était peu sûre.

Quant au centre même de Rome, la densité y dépassait seize mille habitants au kilomètre carré, et l'absence d'égouts ne devait guère donner l'envie de s'y promener. Au reste, tous les voyageurs du Moyen Age et du début de la Renaissance se plaignent de l'incommodité des rues romaines. Bref, lorsque les papes de la fin du XVe et du début du XVIe siècle décident de percer, tant dans la masse de la vieille ville qu'à travers les terrains vagues qui l'entourent, de grandes avenues bien droites, destinées à faciliter l'accès des pèlerins aux principales basiliques, ils donnent le coup d'envoi à une révolution dans l'urbanisme romain qui changera complètement la face de l'Urbs et lui donnera, au moins pour les grandes lignes, son visage actuel.

La Rome moderne, donc, est née des rêves des papes. Et plus particulièrement des papes humanistes à partir de Nicolas V. Grands bâtisseurs — mais aussi grands destructeurs —, ceux-ci ont porté, à la physionomie de leur ville, un intérêt qu'aucun chef d'Etat n'a jamais eu, depuis lors, pour sa capitale (à l'exception, peut-être, de Pierre le Grand, qui était d'ailleurs obsédé par l'image de Rome). Ce qu'ils n'ont pu achever, Mussolini et le XXe siècle l'ont fait. Mais ce sont eux, au fond, qui ont tout décidé.

Voilà pourquoi le percement de la via Merulana prend valeur de symbole. Sans doute n'était-ce pas la première réalisation de ce genre. Déjà, dans les dernières années du XVe siècle, Sixte IV avait fait entreprendre la via dei Coronari, qui peut être considérée comme la plus vieille rue droite de la Rome moderne. Un peu plus tard, Jules II avait été l'auteur des via Giulia et della Lungara, deux artères pratiquement parallèles destinées à canaliser les foules en direction de Saint-Pierre. A l'époque, la via Giulia passait d'ailleurs pour la première de Rome par sa largeur : huit mètres au maximum!

Donc il y avait des précédents à l'œuvre de Grégoire XIII. Mais c'est surtout à partir de ce dernier que le processus s'accéléra. Et c'est essentiellement son successeur, Sixte Quint (1585-1590), qui peut être considéré comme le père de la Rome moderne. Du point de vue de l'urbanisme, évidemment.

Ecoutons encore Jean Delumeau — dont la thèse se dévore avec autant d'intérêt qu'un excellent roman. « Sixte Quint reprit, en les élargissant, les conceptions de son prédécesseur. Il visait essentiellement deux buts : d'abord offrir aux pèlerins un chemin aisé, droit, monumental et impressionnant, d'une basilique à une autre; ensuite, attirer la population dans les parties saines et encore désertes du territoire circonscrit par l'enceinte d'Aurélien, et plus spécialement sur les " monts " [2]. »

Laissons de côté la seconde de ces idées, qui fut bientôt réalisée. La première était sans doute la plus riche en symboles. C'est elle que j'ai retenue... et pour laquelle je me suis replongé, une fois n'est pas coutume, dans quelques livres d'histoire. On apprend bien

2. *Op. cit.*, p. 313.

des choses singulières dans les bons livres d'histoire. Voici donc, quant à moi, ce que j'en ai retenu.

A la mort de Sixte Quint, cinq avenues rectilignes rayonnaient déjà au départ de Sainte-Marie-Majeure : en direction de la Trinité-des-Monts, de Sainte-Croix-de-Jérusalem, de Saint-Laurent, du Forum de Trajan et — bien sûr — de Saint-Jean-de-Latran. Ce n'était pourtant là qu'une partie du projet initial. Le reste n'avait pu être mené à bien. Il ne devait l'être qu'après plus de trois siècles, par les urbanistes de Mussolini. Car ceux-ci, lorsqu'ils percèrent la via dei Fori Imperiali (qui relie le Colisée à la place de Venise) ainsi que la via della Conciliazione (qui va de Saint-Pierre jusqu'au château Saint-Ange), ne firent que réaliser un plan sixtin.

Reste que, pour Sixte Quint, la fonction principale de ces voies relevait au moins autant de la religion que de l'urbanisme. Il s'agissait en effet de dégager l'accès des grandes églises afin de les remettre en valeur. Et de réaffirmer, par là même, à la fois l'importance de ces lieux sacrés et celle des rites liturgiques qui y étaient traditionnellement attachés. Car Sixte Quint était avant tout un pape conservateur dans l'esprit de la Contre-Réforme. Les érudits ont quelquefois tendance à l'oublier. Paolo Portoghesi, par exemple, nous présente une vision « moderniste » de Sixte Quint. Il affirme qu'avant de devenir pape, le cardinal Montalto avait longuement réfléchi à un plan d'urbanisme susceptible de révolutionner Rome. Son collègue Cesare d'Onofrio fait justice de cette légende, et lui oppose le fait que le cardinal Montalto avait aussi été, en son temps, un « consulteur » de la Très Sainte Inquisition. Bref, que le *grande raccordo liturgico anulare* projeté par Sixte Quint n'aurait pas seulement été la première autoroute chrétienne... mais aussi bien un grand défi à la modernité.

Au reste, un plan de Bordini, dessiné vers 1588 [3], montre quelle interprétation mystique l'entourage du pape devait donner à ses projets. On y voit Sainte-Marie-Majeure — l'église préférée du cardinal Montalto — figurer au centre d'un réseau d'avenues *in sideris formam*, en forme d'étoile — à cinq branches évidemment. Un autre auteur du XVIe siècle, Catervo Foglietta, affirme que si deux des perspectives tracées sous Sixte Quint — celle qui correspond à l'actuelle via XX Settembre, et celle qui correspond à l'actuelle via Quattro Fontane — forment une croix, ce n'est pas un hasard. C'est parce que la croix du Golgotha est revenue à Rome. Et que Rome, donc, prend la suite de Jérusalem comme centre du monde chrétien...

Pour être tout à fait sincère, je dois ajouter que Cesare d'Onofrio lui-même pousse la démystification plus loin. Il se demande si les projets de Sixte Quint ont été véritablement dictés par ses idées religieuses, ou si ce ne sont pas plutôt des considérations toutes matérielles qui les ont inspirés. En effet, il se trouve qu'une bonne part des artères projetées aurait délimité, fort exactement, la villa Montalto, située sur l'Esquilin. En décidant de percer ces artères, Sixte Quint aurait ainsi trouvé le moyen de faire construire l'entière enceinte de sa Villa aux frais de l'Etat pontifical... Supposition abominable, comme on s'en doute, pour Paolo Portoghesi [4]!

Mais laissons les érudits se disputer entre eux. Quoi qu'il en ait été, on ne peut nier que les plans sixtins

3. Et reproduit *in* Delumeau, *op. cit.*, pl. XXIV.
4. Cf. Portoghesi, *Roma barocca*, réédition chez Laterza, 1978, p. 42.

aient eu des aspects positifs. Du point de vue de l'hygiène, d'abord. Les grandes voies facilitaient les travaux de nettoyage. Au reste, nous savons que Sixte Quint eut des préoccupations de propreté assez originales pour son époque : ne fut-il pas le premier pape à interdire que l'on crachât en sa présence...?

De surcroît, les percements effectués ayant surtout concerné la région des collines, le vieux centre médiéval fut ainsi épargné. Sans doute n'était-ce pas très fonctionnel. Mais les embouteillages n'étaient pas un thème à la mode. Et puis, ne faut-il pas reconnaître qu'une grande partie du charme « baroque » de Rome vient justement de cette juxtaposition d'éléments de différentes époques, qui se complètent au lieu de se supprimer les uns les autres?

Et pourtant Sixte Quint a été accusé par certains d'avoir beaucoup détruit. Il est vrai qu'il fit raser une partie des thermes de Dioclétien. C'était sa façon à lui de réaffirmer la suprématie du monde chrétien sur le monde antique. Et puis il eut aussi un projet fou : celui de transformer le Colisée en filature, avec des logements pour les ouvriers! Mais cette idée-là, heureusement, il ne put la mener à bien. D'autres s'en chargèrent, d'ailleurs. Quelques siècles plus tard. Qui ne voit, en effet, que les salines de Ledoux, pour ne rien dire de la cité industrielle modèle édifiée par Godin dans les Flandres — s'inspirent toutes les deux de ce rêve d'une usine circulaire, où l'ouvrier serait en permanence sous l'œil omnivoyant du Maître...?

Mais il ne serait pas juste d'imputer au seul Sixte Quint la responsabilité de toutes les destructions. Car de tout temps, à Rome, pour construire quelque chose, il a fallu détruire autre chose. On dirait que dans cette ville chaque époque tient à laisser son empreinte dans la chair de l'époque précédente. Rabelais, déjà, s'en lamentait : « C'est pitié, disait-il, de voir les ruines des églises que le pape fait démolir... » Il est vrai que le pape en question — Paul III — « récupérait » tout ce qui avait quelque valeur archéologique pour en orner ses résidences — en particulier la villa qu'il avait fait installer sur le Palatin, à l'endroit même où les empereurs avaient vécu...

Et pendant les deux siècles qui suivirent, le pillage des « antiques » ne devait pas ralentir. Le Colisée servit, purement et simplement, de carrière. Le pont d'Horatius Coclés fut découpé en boulets de canon. Le temple d'Hercule, sur le Forum, rasé au sol. *Il Bramante,* le grand architecte de Jules II, avait d'ailleurs été surnommé *Il Ruinante* — le faiseur de ruines. Et Delumeau rapporte, à son propos, ce petit dialogue qui courait, en Italie, vers 1514 [5], après que Bramante eut fait détruire la basilique de Constantin — église fort vénérable — pour entreprendre la reconstruction du Vatican. Lorsque Bramante se présente à la porte du Paradis, saint Pierre l'interroge :

— Est-ce là le démolisseur de mon église?

— C'est bien lui, répond un Bolonais qui l'a reconnu; si on l'avait laissé faire, il aurait aussi démoli Rome et le monde entier...

Cependant Bramante pose avec arrogance ses conditions pour entrer au Paradis : il réclame la construction d'une « bonne route bien large, afin que les âmes des personnes faibles et âgées puissent monter au ciel commodément, à cheval ». Comme saint Pierre refuse, l'architecte menace d'aller bâtir un nouvel Enfer à la

5. *Op cit.*, p. 355.

place du vieux, que les flammes rendront bientôt hors d'usage...

Finalement, une transaction est acceptée : saint Pierre laissera Bramante entrer au Paradis lorsque la nouvelle église du Vatican sera terminée.

Naturellement, les Romains pensaient, en 1514, qu'elle ne le serait jamais.

Avez-vous jamais compté combien il y a d'obélisques à Rome? Non, sans doute. En ce cas, apprenez qu'il en reste, aujourd'hui, une douzaine, sans parler des colonnes (cinq) ni des stèles (deux).

Il y en avait plus de quarante à l'époque antique. Auguste les avait fait rapporter d'Egypte — à la fois pour orner sa ville, et pour illustrer le triomphe des Romains sur la plus ancienne civilisation alors connue dans le bassin méditerranéen. Mais pendant le Moyen Age, beaucoup furent détruits — et les autres, délaissés. Pour perpétuer leur nom, les papes faisaient édifier des palais, ou dresser des fontaines. Ils ne pensaient pas à ériger des obélisques.

Et qui fut le premier à avoir cette idée lumineuse? Sixte Quint, encore lui. Décidément, ce pape a véritablement changé la face de Rome. Et du point de vue symbolique, il faut reconnaître que le « coup » des obélisques était un coup génial.

D'abord, en faisant déplacer ou relever ces monuments d'un autre âge, Sixte Quint trouvait le moyen d'affirmer sa puissance de manière infiniment plus originale que ses prédécesseurs.

Du même pas, il prenait tranquillement la succession d'Auguste — et, par-delà Auguste, des pharaons, fils du soleil et dieux eux-mêmes.

Enfin, l'érection des obélisques s'inscrivait parfaitement dans le cadre idéologique de la Contre-Réforme : en les soumettant à des exorcismes solennels et en les faisant surmonter d'une croix, Sixte Quint manifestait, à la face du monde, la supériorité du christianisme sur toutes les religions païennes, sur toutes les hérésies modernes.

Et tant pis si le principal hérétique visé ne s'appelait pas Toutankhamon, mais Luther : les gens comprenaient bien...

Le premier acte de Sixte Quint après son élection consista donc à faire placer, au beau milieu de la place Saint-Pierre, l'obélisque dit du Vatican — qui se trouvait auparavant sur le flanc gauche de la basilique, au milieu de l'actuelle place des Protomartyrs. Le transfert demanda plusieurs jours et beaucoup d'ingéniosité. Finalement, l'inauguration eut lieu un vendredi, le 26 septembre 1586.

Imaginez un peu la scène : soleil radieux, chœurs, processions, trompettes. La foule en liesse, comme au spectacle. Le groupe écarlate des cardinaux. Et la cérémonie pour chasser les démons égyptiens : l'austère évêque Ferratini — entouré d'un groupe d'enfants de chœur — traçant une croix sur chacune des quatre faces de l'obélisque, et en faisant fixer une autre au sommet du monument. Puis les paroles rituelles :

— Je t'exorcise, ô créature de pierre, au nom de Dieu tout-puissant... Pour que tu deviennes pierre exorcisée pour soutenir la Sainte Croix, pour que tu te laves de toute souillure de paganisme, et pour que tu résistes à tout assaut des esprits maléfiques[1]...

Est-ce le même jour que furent tracées, sur les socles, les inscriptions qu'on y peut encore lire? Je ne sais. Mais je retiens que celle-ci, en tout cas :

ECCE CRUX DOMINI
FUGITE, PARTES ADVERSAE
VICIT LEO DE TRIBU IUDA

est manifestement une formule décrivant les trois étapes rituelles de l'exorcisme chrétien : mostration du signe sacré — déroute de l'adversaire — proclamation de la victoire divine.

Un peu plus tard, le même rite fut pratiqué par Sixte Quint à l'encontre des trois autres obélisques (ceux de l'Esquilin, du Latran et de la place du Peuple) ainsi que des deux colonnes (celles de Trajan et de Marc Aurèle) qui furent relevés par lui. Par la suite, cependant, l'exorcisme fut abandonné : les démons devaient avoir compris, et ils avaient fui Rome... Mais les obélisques, eux, continuèrent de pousser. La trouvaille de Sixte Quint était devenue un « tube ».

C'est ainsi qu'au XVIIe siècle furent érigés l'obélisque de la place Navone, celui de la place de la Minerve et la colonne de la Paix sur l'Esquilin; au XVIIIe, celui de San Macuto au Panthéon, celui du Quirinal, celui de la Trinité-des-Monts, celui de Piazza Montecitorio et la colonne Antonine; au XIXe, celui d'Antonio sur le Pincio et la colonne de l'Immaculée-Conception, place d'Espagne.

Et au XXe? Eh bien, la tradition continue. Tant il est vrai qu'à Rome, l'histoire semble enfermée dans la

1. La scène est rapportée par Cesare d'Onofrio, *Gli obelischi di Roma,* Bulzoni, 1967, p. 100.

répétition. A ceci près que, comme dit Marx, la seconde fois ça devient grotesque. Passe encore pour Ramsès, pour Auguste et pour Sixte! Mais pour Mussolini... Pourtant le Duce aussi tint à avoir *son* obélisque. On lui en construisit donc un, de toutes pièces, qui fut placé en 1932 sur le Foro Mussolini. On peut encore l'y voir, mais le lieu s'appelle, maintenant, Foro Italico.

(Ne cherchez d'ailleurs pas le nom de Mussolini à Rome. Le seul endroit d'où il n'ait pas été gommé, c'est l'inscription commémorant, au Teatro dell'Opera, la restauration de la salle : œuvre paisible et bénéfique...)

Puis il y eut l'invasion de l'Abyssinie. Là aussi Rome rejouait, pour la seconde fois, la conquête de l'Afrique. Mais ce coup-là, on n'en rapporta pas grand-chose. Rien qu'une stèle, provenant de la ville sainte des Ethiopiens (Axoum), et qui fut colloquée, en 1937, sur la Piazza di Porta Capena. Cette fois, Rome ne prenait plus seulement la relève de Jérusalem, mais aussi celle du fabuleux empire du Prêtre Jean.

Enfin, à l'ère des religions succéda celle des sciences. Alors une autre stèle fut érigée, sur la grande place centrale de l'EUR — ce quartier ultra-moderne que Mussolini avait fait mettre en chantier en prévision de l'Exposition Universelle de 1942, qui finalement n'eut jamais lieu. Et cette stèle était un hommage à Guglielmo Marconi, c'est-à-dire au progrès.

Mais comme l'histoire est circulaire, et qu'il faut bien que tout se referme, on installa, juste à côté de ce monument de l'avenir, le musée de la Préhistoire.

Monuments d'une religion morte, récupérés pour la plus grande gloire d'une religion nouvelle — et d'un pouvoir nouveau —, les obélisques ont donc eu pour fonction, de Sixte Quint jusqu'à Mussolini, la mise en communication de Rome avec le ciel et les divinités d'en-haut.

Restait à relier Rome et les divinités d'en-bas : ce fut, symboliquement, la fonction des fontaines.

J'ai pu compter les obélisques, mais les fontaines m'ont résisté. Leur nombre dépasse l'entendement — surtout si l'on ne veut négliger aucune bouche d'eau, aucun jet, aucune vasque. Et cela se comprend : considérez que Sixte Quint, à lui seul, en fit bien édifier une quinzaine. Que dire, alors, de la totalité des papes?

Mais c'est surtout au XVIIe siècle que les fontaines se sont multipliées à Rome. Dans le cadre du concile de Trente, d'abord. Et, par voie de conséquence, dans la foulée de l'art baroque — qui s'épanouit, dans la Ville éternelle, après 1630.

Car les fontaines n'ont pas seulement une fonction économique. Elles jouent aussi, symboliquement, un rôle de première importance. Dans l'idéologie de la Contre-Réforme, elles remplissent une fonction décisive au service de ce but : la re-sacralisation du sol. Certes, le sol de la Ville éternelle est sanctifié, depuis l'ère des martyrs, par la présence des *catacombes*. Mais les fontaines permettent, en un temps d'hérésies, de signifier visiblement cette présence souterraine : en captant l'eau sacrée, et en la faisant ruisseler sur les places où, des quatre coins du monde, accourent les pèlerins, elles constituent le corps glorieux des morts.

Et cela d'autant mieux que l'eau, dans l'esthétique baroque, a vocation privilégiée : son écoulement ne se confond-il pas avec la fuite du temps, le mouvement perpétuel, le dynamisme interne de l'univers? Il est donc naturel que les artistes, après 1630, s'attachent à sculpter l'eau. La fontaine du Triton, sur la place Barberini, et celle de la place Navone, naissent alors sous les doigts du Bernin.

On rapporte que ce dernier, en visite à Paris, fit arrêter son carrosse le long des quais et, descendant sur la berge, regarda longuement la Seine (à laquelle le Tibre, ce cloaque, ne saurait être comparé) :

— Toute cette eau! murmura-t-il. Que c'est beau!

L'anecdote vaut un tome de Bachelard. N'oublions pas que la fabuleuse fontaine de Trèves est née, elle aussi, d'une esquisse du Bernin — même si elle ne put être réalisée qu'un siècle plus tard.

Il est vrai que l'eau fut, si l'on peut dire, une tradition dans la famille du grand artiste baroque. Son père, le sculpteur toscan Pietro Bernini, peut même passer, ici, pour précurseur : c'est à lui, en effet, que l'on doit la célèbre fontaine de la place d'Espagne, que les Romains appellent la Barcaccia. Or, tel qu'il s'offre à nous aujourd'hui, l'ensemble constitué par la fontaine, les escaliers, l'obélisque et l'église de la Trinité-des-Monts constitue une structure symbolique tout à fait remarquable, non moins qu'une grande illustration de l'esthétique baroque.

L'illustration, d'abord. Elle est claire, et elle se lit de haut en bas. Tout en haut, l'obélisque (que Pie VI posa là, autre symbole sans doute involontaire, en 1789) donne un sens à la perspective. A partir de lui, l'espace s'ordonne. Des directions se tendent. Des axes se coupent. Bref, la lumière prend forme : grande leçon que répète, à sa manière, l'architecture borrominienne. Ensuite, il y a les chutes de marches, cet escalier qui tombe comme une cascade jusqu'à la Barcaccia. L'eau, encore une fois. Symbolique ou réelle, peu importe. Enfin, il y a la « Barque » elle-même : ce vaisseau immobile qui illustre à la fois le mouvement et sa négation, autrement dit le paradoxe fondamental de l'esthétique baroque.

Remarquez, d'ailleurs, combien tout cela est subtilement ordonnancé. Nous sommes bien loin, ici, de la froide géométrie chère aux humanistes de la Renaissance florentine. L'axe de la fontaine, par exemple, n'est nullement parallèle à celui des marches. Et pourtant l'angle aigu qu'ils forment entre eux ne nous choque pas. Au contraire. C'est lui qui permet d'éviter que cet alignement monumental ait par trop l'air, précisément, d'être un alignement. Le comble de l'art, en somme.

Mais si, du point de vue esthétique, l'ensemble se lit depuis le haut, c'est depuis le bas, en revanche, que doit s'en déchiffrer la signification mystique. Ou plus exactement : politico-mystique. Il s'agit en effet de rappeler au Romain — aussi bien qu'au pèlerin, *peregrinus,* cet étranger — que l'homme n'est qu'un atome insignifiant, situé tout au bas d'un ordre des choses strictement hiérarchisé.

De bas en haut, par conséquent, le regard se porte d'abord sur la fontaine — d'où jaillit l'eau souterraine, don précieux des martyrs qui, par leur sacrifice, nous ont permis de vivre. Puis l'escalier contraint notre œil à s'élever peu à peu de la terre vers le ciel, jusqu'à cet obélisque surmonté d'une croix, qui symbolise la victoire chrétienne sur les fausses religions. Bref, jusqu'à ce que le regard, arrêté par l'église qui se détache dramatiquement contre le ciel, rencontre enfin l'objet de son désir et la nécessité de sa soumission.

Il s'agit là, littéralement, d'une ascension initiatique. Dans ce mouvement irréversible, l'homme a progressivement la révélation d'une sacralité qui se confond avec un *imperium* — celui de l'Eglise elle-même. Et le véhicule de cette initiation, c'est, bien sûr, *l'escalier.*

Symbole de la communication, instrument du passage de l'en-bas à l'en-haut, l'escalier joue d'ailleurs, comme la fontaine et l'obélisque, un rôle fondamental dans la topologie mystique de Rome.

Nombreux sont en effet les escaliers romains : de la Trinité-des-Monts au Capitole, en passant par Aracœli et la *scalinata di Ripetta,* on en rencontre partout dans cette ville de collines et d'églises. Et ne pourrait-on dire qu'à la limite toute l'Urbs elle-même n'est, mystiquement, qu'un immense escalier conduisant jusqu'aux cieux? Je n'en voudrais comme preuve que cet indice : le transfert de Jérusalem à Rome de la *Scala Santa* — le célèbre escalier du palais de Pilate que Jésus-Christ gravit le jour de son procès. Rapporté, dit-on, dès l'époque de sainte Hélène, il fut d'abord incorporé dans le palais du Latran, résidence pontificale jusqu'à l'exil d'Avignon (1305), et ne fut déplacé en face de ce palais que sous Sixte Quint. Aujourd'hui, le pèlerin doit en gravir les vingt-huit marches à genoux et en priant. Sans doute pour éviter l'usure produite par les frottements, celles-ci ont été recouvertes de bois — mais on peut encore voir, entre les planches, des taches du sang du Christ...

Le soir — vers les cinq heures, en hiver —, des employés des ministères tout proches viennent, pieusement, monter cet escalier en sortant du bureau. Parvenus au sommet, ils s'arrêtent un instant devant une très ancienne icône représentant Jésus. Selon la tradition, il s'agit d'une icône *achéropoiète* — autrement dit, non peinte par une main d'homme, mais par les anges eux-mêmes. A côté, une inscription déclare qu'il n'est pas de lieu plus saint au monde. *Non est in toto sanctior orbe locus.* Ce fut, jusqu'en 1305, le centre mystique de Rome.

Aujourd'hui, celui-ci serait plutôt constitué par le tombeau de saint Pierre, situé sous le baldaquin du Bernin.

Je l'ai déjà confié : mes sentiments envers la basilique Saint-Pierre sont des plus mélangés. Les cathédrales étaient des témoignages de foi; Saint-Pierre est un monument politique. Ici, l'on sent un peu trop vite que Constantin a passé le pouvoir à Silvestre. La « basilique » y retrouve d'ailleurs un peu de sa destination originaire — lieu social et laïque, lieu de *commerce* entre les hommes, à tous les sens du terme. De fait, il y a toujours beaucoup de touristes dans Saint-Pierre et, comme à Babel, ça parle haut et fort dans toutes les langues.

Et puis, les jours de grande cérémonie, la basilique redevient avant tout un *théâtre* — l'espace d'une liturgie qui a pour but, sans doute, de consacrer la toute-puissance de Dieu, mais aussi et surtout celle de son délégué sur terre.

Le Baldaquin, alors, apparaît non seulement comme le symbole de l'extase, mais aussi comme le centre d'un empire. D'un empire qui, naguère, s'étendait sur les corps autant que sur les âmes.

Granet explique, dans *la Pensée chinoise,* qu'au centre du palais de l'empereur — qui se trouvait lui-même au centre de la Chine — il y avait autrefois un édifice sacré, le *Ming t'ang*. Le *Ming t'ang* ou « maison du calendrier » est, comme la terre, carré par sa base et, comme le ciel, rond par son toit. Il a la forme d'une croix solaire ou d'un carré magique. Avec ses quatre côtés correspondant aux quatre orients et ses douze ouvertures symbolisant les mois, il représente l'univers tout entier. Quant à l'empereur, il doit circuler personnellement, chaque année et durant toute l'année, autour de ce centre mystique, afin de permettre à l'harmonie de se maintenir dans son royaume, et d'assurer à ses sujets paix et prospérité.

Eh bien, le baldaquin de Saint-Pierre, situé précisément sous une coupole sphérique comme le ciel étoilé, c'est un peu le *Ming t'ang* des chrétiens. Et c'est ainsi, sans doute, que le Bernin l'avait conçu pour Urbain VIII.

Quant à la place Saint-Pierre, elle s'organise, elle aussi, autour d'un obélisque et de deux fontaines — tandis qu'un escalier la borde du côté de l'église. Le Bernin lui donna la forme d'une ellipse afin d'accroître le sentiment de profondeur que les fidèles devaient éprouver en débouchant sous la célèbre colonnade. Il est à noter, d'ailleurs, que dans le projet initial du Bernin, celle-ci était entièrement fermée du côté de la ville. De l'extérieur, la basilique demeurait donc invisible. L'effet de surprise, lorsqu'on arrivait sur la place, n'en aurait été que plus fort. Et plus fortes la crainte et la vénération inspirées au pèlerin...

Mais finalement la colonnade resta ouverte. Et, sous Mussolini, fut percée, à travers le chaos des maisons médiévales, la rue de la Conciliation. Conciliation de l'Eglise et de l'Etat, bien sûr, qui se partagent le pouvoir entre ce monde et l'autre. Mais l'artère, rectiligne, n'est pas du tout dans l'esprit du Bernin. Et pourtant, là aussi, il s'agissait de mettre en valeur l'église, dont le corps se voit maintenant de loin. Les objectifs restaient donc à peu près les mêmes qu'en 1630. Seuls les moyens avaient changé.

Sixte Quint et Mussolini, d'une part; Urbain VIII et le Bernin, de l'autre : deux esthétiques fort opposées, et pourtant au service d'une même passion pour le pouvoir...

Sans doute me dira-t-on que le baroque ne peut se réduire à l'expression, par l'art, de thèses, d'idées ou de forces politiques. Je le sais fort bien. Et je me doute qu'on objectera, à ma vision de Rome, l'ignorance dans laquelle elle feint de tenir l'histoire de l'art. De même, les théologiens s'offusqueront de me voir confondre la mystique baroque avec une liturgie de l'obéissance. Ou bien ils se diront que j'ai surestimé le rôle tenu par les jésuites.

Soit. Mais l'honorable Andreotti qui, à l'heure où j'écris ces lignes, est encore pour quelques instants président du Conseil, se rend tous les matins à l'église du Gesù pour y écouter la messe — avant de passer au siège de son parti qui se trouve, tiens comme c'est bizarre, juste en face de ladite église.

Bien sûr. Ni Urbain VIII ni le Bernin ne pouvaient le prévoir. Mais les modernes, eux, lorsqu'ils choisissent de telles alliances, ne le font tout de même pas sans intention [1]. Et si tant d'églises ou de palais baroques

1. Et que Jean Paul II se soit rendu au Gesù pour y célébrer le *Te Deum* du Nouvel An, cela n'est pas non plus fortuit. Ce faisant, il a renoué avec une tradition antérieure à 1870 — et qu'on croyait bien morte depuis...

abritent encore, à Rome, les jeux hermétiques du pouvoir, c'est qu'ils n'ont jamais eu d'autre fonction. Je n'y peux donc rien : le pouvoir et le sacré, c'est pareil. Aujourd'hui comme hier. Et ici comme ailleurs.

Deux mots encore, pourtant. Il est exact que je n'ai guère pris en compte, jusqu'ici, la dimension proprement *spirituelle* du baroque. Ce n'est pas que je la nie. Au contraire. Mais je ne pourrais que reprendre, ici, ce qu'en a si bien dit Yves Bonnefoy.

Qu'est-ce, en effet, que la sculpture du Bernin? C'est, tout d'abord, le mouvement recommencé de la foi. Une véritable redécouverte de l'intériorité — c'est-à-dire de l'instant, pour autant que les figures de l'intériorité sont aussi mouvantes que celles du temps, avec lequel elle se confond. Intériorité bien évidemment orientée vers cet instant suprême : la rédemption. Le moment où, dans la souffrance et dans la grâce, la créature découvre au fond d'elle-même la présence transcendante, et cependant concrète, du Créateur. Bref, le baroque est d'abord — comme l'énonce Bonnefoy — le témoignage, sur le plan de l'art, de « cette foi qui focalise l'espace par la présence, et déploie la durée humaine, mais en même temps la recourbe, comme en spirale, dans l'unité du divin [2] ». Et le baldaquin de Saint-Pierre, tout comme la *Transverbération de sainte Thérèse*, peuvent bien, effectivement, se lire de cette façon.

Mais cette lecture n'est pas la seule possible. La lecture politique, quelque peu négligée par Bonnefoy, n'est pas incompatible avec la précédente : elle s'y surimpose. Et c'est la gloire de l'art baroque qu'il

2. Yves Bonnefoy, *Rome 1630 : l'horizon du premier baroque,* Flammarion, 1970, p. 18.

puisse, ainsi, se déchiffrer sur une pluralité de registres.

Au reste, Bonnefoy lui-même, dans une remarque faite en passant [3], signale cette dimension. Si l'art baroque, dit-il, marque une certaine prédilection pour les scènes d'*extase,* illustrant la présence du Créateur dans ses créatures, c'est aussi parce que l'Eglise, aux temps de la Contre-Réforme, avait besoin de réaffirmer, contre les protestants, le dogme de la présence réelle.

Et même l'excès, l'outrance qui caractérisent la sculpture baroque retrouvent, de ce point de vue, un sens : comme l'icône byzantine et pour les mêmes raisons, la sculpture baroque est une image qui, en se dénonçant elle-même comme image, nous rappelle l'existence — au-delà d'elle — du *sacré,* bref de l'*imperium* divin. Empire où se confondent, naturellement, le rôle du Tout-puissant et celui de son pontife...

La *Sainte Cécile* de Maderno [4], considérée comme l'une des œuvres annonciatrices du baroque, constitue d'ailleurs une excellente illustration de cette imbrication entre la politique et la mystique. Elle fut sculptée alors que le corps de la sainte venait à peine d'être retrouvé, à Rome, et en un moment où les papes éprouvaient au plus haut point la nécessité de fournir des preuves nouvelles de leur légitimité. L'œuvre de Maderno, insistant sur les souffrances du martyre, peut donc se lire comme un rappel à la vraie foi — pour laquelle moururent tant de chrétiens —, mais aussi à l'orthodoxie défendue par l'Eglise — et encore menacée, vers 1600, par de nombreux ennemis [5].

3. *Op. cit.,* pp. 41-2.
4. A Santa Cecilia in Trastevere.
5. Il n'est pas étonnant, dès lors, que le thème du martyre — si riche en connotations politiques — ait connu une telle vogue dans l'iconographie baroque. Et qu'à la *Sainte*

Le doigt levé de la sainte agonisante était, comme on s'en doute, pointé vers le ciel. Précieuse indication : tout l'art baroque vise, lui aussi, à regarder le ciel. Et donc à s'agenouiller pour adorer. Et c'était prévisible : après la Renaissance, âge de la discussion critique, le baroque n'est-il pas l'âge de la soumission, du ravissement et de la transe?

Allez maintenant revoir le plafond de Sant'Ignazio. La fresque qu'y peignit le frère Andrea Pozzo est sans doute le plus extraordinaire trompe-l'œil, la plus fabuleuse « mise en abyme » imaginée à l'âge baroque. Mais le sujet n'en est rien de moins que le triomphe de saint Ignace de Loyola, autrement dit de la Compagnie de Jésus. Thème simple et clair, qui s'organise autour d'un schéma bien lisible : un seul rayon de lumière, partant du cœur du Christ, frappe au cœur saint Ignace en extase — puis se répercute, à travers lui, sur les quatre parties du monde.

L'ensemble, achevé en 1694, marque sans doute, pour l'art baroque, l'apothéose de sa période créatrice. Comme, pour la Compagnie de Jésus, l'apothéose de sa puissance œcuménique... Moins d'un siècle plus tard, l'ordre devait être dissous. La Contre-Réforme, suspendue. Et le baroque, abandonné.

Cécile de Maderno fasse écho, soixante-dix ans plus tard, cet autre chef-d'œuvre du Bernin : *la Bienheureuse Louise Albertoni* (à San Francesco a Ripa).

Rome n'est plus dans Rome... Rome meurt... Rome est morte... Fellini tourne *Roma* et le dit, à sa façon : « Rome est un bien bel endroit pour attendre la fin du monde. » A Rome, on ne fait jamais que mourir. Oh! sans doute, on y meurt en beauté. Voluptueusement. Mais il n'y a rien à faire. On ne peut espérer redonner vie aux cendres d'une civilisation muette. L'Occident n'est plus, il n'a donc plus besoin de capitale. Ou s'il survit, ce sera ailleurs...

Triste constat. Légèrement complaisant, aussi. Et qui ne date pas d'hier. En fait, il y a trois siècles au moins qu'on le formule. Bientôt quatre. Tout dépend d'où l'on part. Ou bien l'on fait remonter la ruine de Rome à ces pontifes « indignes » que furent Alexandre VI et, à un moindre degré, Jules II. Ou bien on la fait remonter à la Contre-Réforme. La première hypothèse vaut, sans doute, pour la décadence de l'Eglise. Et la seconde, pour celle de l'art.

Car le Concile de Trente (1545-1563) a bel et bien tué l'art. L'art religieux, s'entend — autrement dit l'art italien, dans sa quasi-totalité. Certes, il l'a tué en lui donnant une dernière flamme : ce fut une mise à mort splendide et turbulente. Le Bernin et Borromini sont restés pour nous le dire. Mais après eux, tout n'est plus que médiocrité. Imitation. Emphase.

Et la faute en est bien aux décrets tridentins. A la fantastique répression qui les suivit. Au désir de mainmise sur l'art et la pensée qui anima, simultanément, des papes « ascétiques » comme Paul IV ou Pie V, et les fondateurs de la Compagnie de Jésus. On l'oublie un peu trop, aujourd'hui : ce ne sont pas les Tartares marxistes qui ont inventé l'Inquisition. C'est l'Occident chrétien. Et aux beaux jours de la Contre-Réforme, quand les bûchers se rallumèrent, il ne faisait pas bon parler de la liberté de penser... A tel point que la pensée, d'ailleurs, ne s'en est jamais remise. Et que la peinture, en Italie du moins, y a laissé sa peau.

C'est à Rome, faut-il donc le rappeler, qu'est sorti, en 1564, l'*Index expurgatorius* — autrement dit la première liste ecclésiastique de livres à expurger, bref à détruire.

Et c'est à Rome, encore, qu'un des chefs-d'œuvre de la peinture universelle a failli être assassiné : rien de moins que le *Jugement dernier* de Michel-Ange à la chapelle Sixtine. Les théologiens tenaient pour indécente cette abondance de corps nus. De plus, ils y trouvaient des fautes graves contre la religion : par exemple, l'artiste avait négligé de mettre des ailes aux anges. Surtout, il avait eu l'audace de représenter certaines draperies en train de flotter au vent alors que — c'est écrit dans la Bible —, au jour du Jugement, les vents et les tempêtes auront cessé. Bref, vous voyez un peu. Animé d'un zèle pieux, Pie V ordonna de repeindre certains corps, et de passer des cache-sexe aux ressuscités. En 1762, Clément XIII fit ajouter quelques draperies et des bruits coururent, vers 1936, selon lesquels Pie XI entendait poursuivre cette tâche [1]...

Etonnez-vous si, dans ces conditions, Rome cessa d'être, dès la seconde moitié du XVIIe siècle, un foyer de création, un atelier et un creuset. Les artistes furent contraints d'aller chercher fortune ailleurs. La décadence s'instaurait.

Depuis trois siècles, elle n'a fait qu'empirer. Et qui peut dire si nous avons atteint le fond?

En somme, pour retrouver les temps de la splendeur romaine, il faut remonter au moins jusqu'aux premières années du XVIIe siècle. Au moment, donc, où l'art était encore debout, et la répression, impuissante à l'abattre. C'est alors que Rome a vécu ses plus belles années. Son âge d'or. Sa grande époque.

« Grand théâtre du monde », *patria communis* des écrivains et des artistes, la Rome de 1630 est bien, pour un bref laps de temps encore, la capitale de l'Occident. La meilleure preuve en est que les étrangers y jouent, à ce moment, un rôle capital, plus grand encore que par le passé. Etre romain, pour eux, cela veut dire : être universel.

Déjà, vers 1580, ce cosmopolitisme était sensible. Montaigne s'en étonnait. « C'est la plus commune ville du monde », disait-il de Rome; et plus loin : « C'est une ville rapiécée d'étrangers; chacun y est comme chez soi... » En témoigne encore, aujourd'hui, cette longue litanie d'églises ayant appartenu aux plus diverses « nations » de l'Occident chrétien : Saint-Nicolas-des-Lorrains, Saint-Yves-des-Bretons, Saint-Louis-des-Français, Saint-Jacques-des-Espagnols, Saint-Jérôme-des-Illyriaques, la Trinité-des-Ecossais...

1. Cf. Anthony Blunt, *la Théorie des arts en Italie*, Julliard, 1962, pp. 154-161.

Pour ne rien dire de cette tradition séculaire qui fait de la place d'Espagne et des rues avoisinantes le centre d'un quartier d'artistes et d'étrangers — qu'on ne peut guère comparer qu'au Montparnasse des années vingt : peintres allemands, flamands et français y étaient, au XVIIe siècle, les plus nombreux. Et les chroniques sont pleines de leurs querelles : car, entre nations rivales, faisant bombance sans souci du lendemain, les rixes n'étaient pas rares. Même si nombre de ces étrangers étaient connus, riches, et menaient grand train.

Sans doute, aujourd'hui, avons-nous oublié la plupart d'entre ces joyeux drilles. Qui se soucie encore — hormis les historiens, toujours en quête de cadavres — de Nicolas Pinson, de Théophime Bigot, de Charles Mellin ou du sculpteur Nicolas Cordier? Et même si le nom de Valentin nous parle encore, si l'on peut encore voir certaines de ses toiles, parmi celles d'autres « caravagesques », à la galerie Spada — qui se souvient encore de sa mort picaresque? Un jour d'août 1632, après avoir bien mangé et bien bu, Valentin se plongea, pour s'y rafraîchir, dans la fontaine du Babuino : quelques heures plus tard, une congestion l'emportait...

Plus obscurs, plus secrets, plus discrets également ont été les destins des deux grands solitaires : Poussin et Claude Gellée. Peut-être les deux plus grands peintres français de leur temps. Et tous les deux fixés à Rome.

C'est au Lorrain, à Claude, que revient le record : sur les quatre-vingt-deux ans que dura sa vie, Claude en passa soixante-sept à Rome... Nous ne savons guère, au demeurant, ce qu'il y fit — si ce n'est peindre. Toujours le même tableau, toujours au même endroit. Beau témoignage d'amour pour la Ville éternelle. Pour le ciel qui, sans doute, lui apprit la lumière.

Poussin mourut plus jeune. Mais il vécut quand même pendant trente-neuf années à Rome. Dont trente dans la via Paolina, récemment percée, et qui est aujourd'hui, sous le nom de via del Babuino, la rue des antiquaires et des stars du cinéma... A quelques mètres de là, habite Federico Fellini.

Vie exemplaire que celle de Poussin. Pour moi, une sorte d'idéal inaccessible et impossible. Le silence, le travail. L'obscurité voulue. Une longue concentration sur le métier. Des veilles nombreuses, dans la tranquillité d'un intérieur bourgeois. Je l'imagine en train de méditer, le soir, sur les esquisses d'où sortira sa prochaine œuvre — encore quelque commande pour une église —, cependant que sa femme — la fille d'un cuisinier — coud dans la pièce voisine... Et le courrier de France qui n'arrive pas. Et les fins de mois qu'il faut boucler, les problèmes de l'exil. Mais rappelé à Paris, nommé — car sa notoriété est déjà grande — peintre ordinaire du Roi, Poussin ne parvient plus à se réadapter. Comme le Bernin, qui lui aussi sera sollicité par Louis XIV, il rentre rapidement à Rome, écœuré par la Cour, par ses intrigues, par ce mélange de mode et de mauvaise foi qui caractérise, depuis toujours, la vie artistique à Paris. Son destin n'est pas là-bas. Il est ici, à l'ombre du Pincio et des premières églises baroques. A d'autres la gloire, le bruit et les faveurs. A lui la vraie grandeur : celle de l'art même.

Désormais, Poussin n'a plus d'autre horizon que la campagne romaine, avec ses ruines fantomatiques, les boucles lentes du Tibre, les ciels d'orage même en hiver. Poussin, ou le refus de l'extérieur. Sans doute, si on lui avait demandé quels étaient les meilleurs souvenirs de son existence, aurait-il répondu, comme Borges : « Quelques femmes, peu d'amis, beaucoup de livres... »

Il mourut un jour froid, un jour sans doute ensoleillé de cet automne romain qui n'en finit jamais. Exactement à l'heure où toutes les cloches sonnaient midi.

Son beau-frère, Gaspard Dughet, lui survécut une dizaine d'années. On lui doit quelques peintures de paysages déjà préromantiques (voyez, par exemple, les fresques de San Martino ai Monti), qui ne furent sans doute pas sans influence sur l'art du jardin anglais, sur l'école de Barbizon, sur Corot.

Autour de ces peintres gravitaient, comme toujours, des écrivains. Savants ou humanistes, il s'agit d'hommes qui, pour la plupart, se sont retrouvés à Rome entre 1630 et 1640, soit dans la suite d'une ambassade, soit dans l'orbite d'un cardinal. Parmi eux, des poètes comme François Maynard ou Saint-Amant, le romancier Scarron, l'épicurien Naudé. Un même trait les caractérise : derrière leur apparent conformisme, ils partagent un profond scepticisme envers toutes les croyances de leur milieu. Ce sont des *libertins* — au sens qu'on donne alors à ce terme, et qui n'implique pas forcément (mais n'exclut pas non plus) la liberté sexuelle. Ils s'appellent eux-mêmes, d'un joli mot : les *déniaisés.* On se demande si Poussin les a fréquentés. C'est probable. Et c'est sans doute pourquoi Poussin, malgré les apparences, est si peu cartésien.

Quant aux peintres nordiques — qui furent aussi actifs, à Rome, dans les années 1630 —, leur importance n'est pas moindre. Leur chef de file a laissé dans l'histoire un surnom dû à sa difformité : Peter Van Laer, dit *il Bamboccio,* est sans doute le maître incontesté de ce genre si typique, la *bambochade.* Il s'agit, en apparence, de scènes de la vie quotidienne, traitées dans un style plus réaliste que celui de la peinture française. Pourtant, les figures humaines y sont peu marquées, la vraie misère du peuple n'est que rarement montrée. En revanche, ce qui frappe, c'est l'omniprésence des ruines. La fuite du temps et la fragilité des choses — voilà leurs thèmes profonds. Bref, le sentiment qui domine dans ces œuvres — en dépit de l'idée burlesque qui s'est attachée, plus tard, au terme de « bamboche » —, c'est celui de la faiblesse humaine, opposée à une nature impassible et immuable. Thème romantique par excellence. On le rencontre, à la même époque, chez Gaspard Dughet et Salvator Rosa. On le retrouvera, dans les siècles suivants, chez Hubert Robert, chez Füssli, chez les Nazaréens. Dans la littérature, Chateaubriand l'illustrera. Mais c'est sans doute, avec une bonne centaine d'années d'avance sur les peintres nordiques, Joachim Du Bellay qui en avait été le précurseur [2]...

2. En fait, le thème des destructions opérées par le temps, illustré par l'exemple des ruines romaines, se trouvait déjà chez de nombreux Italiens de la Renaissance — mais c'est seulement Du Bellay qui lui donna sa véritable ampleur.

Comment expliquer que tous ces artistes aient en commun le fait d'avoir vécu à Rome? Il y a des ruines un peu partout dans le monde. Ce qui est remarquable, dans le paysage romain, ce n'est pas simplement l'abondance des vestiges antiques. C'est la juxtaposition — ou, mieux, la superposition, l'imbrication — dans un espace des plus restreints, de monuments remontant aux plus diverses périodes de l'histoire italienne. Avec, parmi ces monuments, quelques-uns des plus hauts chefs-d'œuvre de l'art, parfois en bien mauvais état, très souvent délavés par les intempéries, presque toujours réemployés. Le tout baignant dans une lumière surnaturelle, qui fait perpétuellement de cette ville un théâtre...

Ne voit-on pas, dès lors, que le drame qui s'y joue est celui même de l'homme? De l'homme vaincu par son destin, abandonné du ciel, perdant jusqu'au contrôle de ses propres inventions.

A leur manière, les églises le rappellent : tu es poussière, semblent-elles dire à chaque carrefour. Viens te recueillir dans le froid de nos murs. Ici, sous cette coupole qui est le ciel. Et prie, pendant que les hommes s'agitent avec fébrilité sous le soleil...

Rome est un *archétype* trop fort — comme le dit justement Yves Bonnefoy. Tous les artistes vivant à Rome l'ont ressenti. Surtout si, n'étant pas Italiens, ils s'y sont retrouvés en exil. Sans doute cet exil fut-il, pour la plupart, volontaire. Il n'importe. Cherché ou non, l'exil crée automatiquement un décalage. Un malaise, une distance. Il permet de voir ce que les autres ont, depuis longtemps, cessé de regarder; d'entendre ce qu'ils n'écoutent même plus. Et ce qu'on voit d'abord, il n'y a pas de doute là-dessus, ce sont les *signes du temps.*

Mais les signes du temps ne sont pas simplement un appel aux *regrets.* Du Bellay, par exemple, dont on a fait par excellence le poète de la nostalgie, est bien autre chose. Gilbert Gadoffre, dans un livre remarquable, nous l'a rappelé il y a peu.

Dans les ruines, Du Bellay ne voit pas simplement un prétexte à pleurer : il y découvre l'histoire. Désormais, il vouera son existence à en déchiffrer le sens. Pour lui, l'idée impériale est bel et bien morte, et personne ne la fera revivre. Surtout pas l'Eglise. La *translatio imperii* dont rêvent, à leur profit, les papes de la Renaissance, est impossible. Bien plus, Rome a cessé d'être Rome du jour où un pouvoir illégitime — celui de ces pontifes peu recommandables que furent Alexandre VI ou bien Jules II — se sont emparés de la ville pour la marquer de leur empreinte vulgaire. La violence et le goût de la puissance les perdront. Tel est, au fond, le sens du *Songe.* Longtemps, ce poème hermétique qui clôt le cycle des *Antiquités* est demeuré obscur. Pour Gadoffre, il s'agit d'un pamphlet gallican : *le Songe,* écrit-il, n'est qu'un « bilan des occasions perdues, des promesses récusées, des usurpations séculières [3] », dont les papes, hantés par le démon sanglant de l'empire c'est-à-dire de la Louve, se sont rendus à tout jamais coupables. On mesure à quel point Du Bellay, ici,

3. Gilbert Gadoffre, *Du Bellay et le sacré,* Gallimard, 1977, p. 181.

s'éloigne des poètes italiens de son temps, et même de la Pléiade...

En somme, Rome a fait de lui presque un athée. Et, en tout cas, un puissant philosophe de l'histoire. L'un des premiers, sans doute, à s'interroger sur le destin de sa culture — ce que nous appellerions aujourd'hui : l'avenir de l'Occident. Gibbon, cité par Gadoffre, écrit que l'idée de faire un livre sur la décadence de Rome lui est venue le jour où, assis au Capitole, il entendit des franciscains chanter dans le temple de Jupiter. On se doute bien que des scènes analogues durent frapper Du Bellay. Et c'est pour cette raison que Rome, chez lui, n'est pas seulement une ville, un décor, un moment du passé ni même une métropole pontificale, mais une sorte de symbole, ou d'objet poétique. Un objet irisé, un coquillage ou, si l'on veut, un prisme — un prisme dont le pouvoir réfracteur permettrait au réel de nous atteindre avec l'éclat de l'imaginaire. Bref, de nouveau, un *archétype*.

Evidemment, Du Bellay ne se nourrissait pas seulement d'Ovide ou de Pétrarque, mais aussi d'Apocalypse et de néo-platoniciens. Et pendant que ses petits camarades du collège de Coqueret s'amusaient à versifier (comme, aujourd'hui, les « telqueliens » se pâment sur le textuel), il s'initiait au savoir européen, pour se jeter à corps perdu dans les drames de son temps.

Reste que, bien sûr, ces hautes méditations étaient moins conformistes que les tranquilles rêveries sur les « antiquités ». C'est donc celles-ci, exclusivement, qu'on a retenues. Et comme, à partir de la fin du XVIIe siècle, Rome entre dans une période de décadence ininterrompue, cette rêverie nostalgique y devient le thème privilégié des étrangers, écrivains ou artistes, qui séjournent en Italie. Le romantisme en fait un lieu commun. Gœthe et Chateaubriand y sacrifient abondamment. Mais c'est surtout chez Keats et chez Shelley que le thème de la fragilité humaine prend une ampleur métaphysique.

Keats, d'ailleurs, poussa le romantisme jusqu'à mourir à Rome. Cela se passa le 23 février 1821, dans une petite chambre située au-dessus des escaliers de la Trinité-des-Monts. Une chambre d'où l'on voit, aujourd'hui, les cinq palmiers de la place d'Espagne : mais y avait-il, à l'époque, des palmiers...? Keats fut enterré au cimetière protestant, pittoresquement niché à l'ombre d'une autre tombe célèbre en forme de pyramide : celle de Caius Cextius. Et sur la stèle qui recouvre les restes du jeune poète anglais — il avait vingt-six ans —, ces simples mots furent gravés : « Ici repose un homme dont le nom était écrit sur l'eau. »

A vrai dire, l'épitaphe aurait encore mieux convenu à Shelley. Ce dernier, en effet, mourut dans un naufrage au large des côtes toscanes. Son corps fut retrouvé sur la plage de Viareggio et brûlé, le 16 août 1822, en présence de Lord Byron. Shelley avait encore entre les mains un livre de poésies. Du Keats, précisément. Ouvert à *Hyperion*.

La boucle était bouclée.

Revenons-en donc à la peinture. Le poids presque métaphysique que le passé, à Rome, fait peser sur le présent, semble avoir dirigé les artistes étrangers sur les chemins du rêve, du symbolisme et de la nostalgie. Tous ces traits se retrouvent, en tout cas, chez les Nazaréens et chez Füssli.

Formé, en 1809, par de jeunes peintres désireux de rompre avec l'académisme viennois, le groupe des Nazaréens s'installa, l'année suivante, à Rome. Attrait du soleil, évidemment. Mais aussi désir de renouveler l'art germanique sur la base de la foi chrétienne, et en suivant l'exemple des artistes médiévaux. Bref, recherche d'un lieu favorable au recueillement et au recommencement. D'où le choix de Rome : on s'imagine toujours, à Rome, qu'on va recommencer le monde... Et puis, rien ne se passe. Quelques années plus tard, les Nazaréens auront fondé un nouvel académisme, aussi ennuyeux que le précédent. Acclamés par l'Europe, ils abandonneront Rome. En y laissant toutefois leur souvenir dans une rue — la via Degli Artisti, où ils vécurent.

Déjà, peu avant eux, Füssli avait fait l'amère expérience de la stérilité. De cette étrange impuissance à laquelle Rome semble, parfois, condamner les artistes modernes. Au cours d'un séjour dans cette ville qui lui révéla Michel-Ange, Füssli exécuta, vers 1778, une sanguine demeurée célèbre, et dont le titre est par lui-même éloquent : il s'agit du *Désespoir de l'artiste devant le caractère cyclopéen des œuvres du passé*. On y voit un homme assis, la tête plongée entre ses mains dans un geste de douleur, à côté du pied et de la main de Constantin — ces restes grandioses d'une statue monumentale perdue, qui se trouvent aujourd'hui dans la cour du Palais des conservateurs au Capitole. La signification de cette scène est d'ailleurs double, car l'artiste moderne pleure à la fois la disparition du chef-d'œuvre, détruit par le temps, et sa propre incapacité à créer des œuvres comparables...

1778 : ni la révolution française, ni la révolution industrielle n'ont encore éclaté, et cependant Füssli pressent déjà qu'un monde est englouti. Alors pourquoi continuer d'imiter les anciens? Et à quoi bon copier l'antique, puisqu'on ne peut l'égaler? Il était l'heure, en ces temps-là, de fermer les académies. On n'en fit rien. Bien au contraire : on en créa de nouvelles. Tous les gouvernements d'Europe tinrent à avoir, à Rome, une institution où envoyer de jeunes artistes pour leur « perfectionnement »...

Et deux cents ans après la sanguine de Füssli, j'ai été, moi aussi, l'hôte de cette Villa Médicis — où Napoléon avait installé, dès 1803, l'Académie de France à Rome. Un hôte heureux, je m'empresse de le dire. Je n'avais pourtant guère le goût ni le besoin d'étudier les antiques. Alors?... Alors, tout simplement, le sens de ces académies a évolué. On n'y vient plus pour se mettre à l'école des anciens, mais pour prendre ses distances vis-à-vis du « moderne » — c'est-à-dire, bien souvent, de la mode. On y vient pour refaire, en somme, le même parcours initiatique que Du Bellay et que Füssli.

Et puis il reste le lieu. Un de ces lieux dont le souvenir n'a pas fini d'errer dans nos mémoires... Je parle de la Villa, évidemment. Imaginez un peu le plus beau palais du monde. Situé parmi les pins d'un jardin enchanté, il surplombe Rome du sommet du Pincio : d'ici, la vue s'étend sur toute la ville. Jusqu'au Testaccio, cette colline faite de débris de poteries accumulés depuis l'antiquité, et où Poussin, déjà, aimait à venir peindre. Jusqu'au Janicule, d'où part quotidiennement le coup de canon qui sonne midi. Jusqu'au Vatican où, près du dôme de Saint-Pierre — toujours paré, le soir, des reflets d'un couchant dont on ne sait plus que dire qui ne soit un cliché — s'élève l'étrange antenne de la radio pontificale, érigée par Pie XI. Jusqu'au Monte Mario, enfin, où les guinguettes cèdent peu à peu le pas aux belles villas. Et puis, à l'intérieur de ces limites immatérielles, le regard plonge sur la masse ocre et rose des toits, des tuiles, des terrasses, des coupoles...

Tournez-vous maintenant vers les jardins de la Villa. On a coupé, hélas, un beau palmier qui les ornait (j'ai toujours eu un faible pour les palmiers de Rome : ils m'emmènent vers cet Orient de fantaisie qui est mon véritable pays), et l'on a rajouté quelques moulages qui déteignent sous la pluie. Mais la façade du palais refaite sous les Médicis qui y incorporèrent, comme c'était la mode à l'époque, des fragments de bas-reliefs antiques, compose une étonnante fresque maniériste. Tout, ici, est faux : le Mercure de Giambologna, les lions de pierre, l'obélisque au milieu du bassin... Mais qu'importe, *si mon cœur, et tout, chante!*

Il y a aussi le petit pan de mur beige que peignit Velasquez. Car « le peintre des peintres » vécut un an à Rome — et ce fut, précisément, en 1630. Il y rencontra sans doute Poussin. Tous deux fréquentaient la Villa. Quelques années auparavant, Galilée s'y serait, dit-on, réfugié. Et l'on murmure que Michel-Ange lui-même aurait donné quelques idées, cent ans plus tôt, pour les plans du palais. Légendes, peut-être? Encore un coup, qu'importe : les mythes aussi dessinent un paysage.

Montez, maintenant, sur la terrasse dite du *Bosco.* A la rigueur française des allées et des baies, succède l'exubérance — latine ou romantique — d'un bois frais et touffu, au centre duquel s'élève un antique belvédère. Dans des temps primitifs, on dut y célébrer le culte sanglant du dieu-soleil. Aujourd'hui on y monte, non sans une pointe de nostalgie, pour contempler les jeux des nuages dans les soirs orangés.

Voilà le cadre. Complétez-le par le souvenir de quelques-uns de ceux qui y passèrent : Ingres ou Berlioz, Carpeaux ou Debussy. Leurs noms sont tous inscrits dans un registre, qu'Ingres ouvrit, de sa signature, en 1806, et qui n'est pas encore fini. Ce n'est pas sans émotion que, chaque année, une douzaine de jeunes gens y ajoutent leur paraphe...

Ingres, qui fut d'abord pensionnaire et plus tard directeur de la Villa, passa lui aussi une grande partie de sa vie à Rome. On dit qu'il invitait les pensionnaires à venir chez lui, jouer du piano, tandis qu'il les accompagnait sur son violon... Son directorat — pendant lequel, fort dévoué à sa tâche, il peignit peu — restera sans doute le plus illustre de tous, avec celui de Balthus. L'un et l'autre avaient, au fond, la même conception de l'art. Et tous deux vécurent à Rome comme des princes d'une autre époque : derniers représentants d'une classe en voie de disparition, celle des artistes-rois...

Seul contre tous, Berlioz détesta Rome, la Villa et l'Académie. Incapable de se détacher de ses habitudes, ce jeune Parisien parle de son séjour romain comme d'un « infernal exil », et de l'Italie comme d'un « jardin peuplé de singes » — de singes qui n'entendent rien à la musique, évidemment!

Passe encore pour ses appréciations sur la Villa. Il ne s'entendait guère avec les autres musiciens. C'est dans les règles. « Je suis environné, dans ma maudite caserne, d'êtres vulgaires, sans âme d'artistes, dont la société et le bourdonnement m'impatientent horriblement... », écrit-il dans une lettre. Jusque-là, on le comprend. Mais écoutez la suite :

« J'essaie quelquefois de descendre à Rome, mais je m'y ennuie encore davantage; point de spectacle, pas l'ombre de musique, point de cabinet littéraire, des cafés sales, obscurs, mal servis, sans journaux... Tout y est à cent cinquante ans en arrière de la civilisation, et en général dans toute l'Italie. Ce peuple est si lâche, si mou, si peu industrieux, la nature lui donne tout, il ne sait rien en faire. Oh! si ce beau pays était peuplé d'Anglais, quel changement! »

Sic.

Comment peut-on être si bête?

En tout cas, la postérité s'est bien vengée de Berlioz. Son effigie et celle de cette Villa qu'il détestait tellement qu'il la quitta avant la fin de son séjour, figurent désormais, inséparablement unies, pour le meilleur et pour le pire, sur un petit bout de papier reproduit à des millions d'exemplaires : notre billet de dix francs.

Et toc...

Chaque année, au printemps, a lieu la fête du ghetto de Rome.

Dans une atmosphère joyeuse et profane, les habitants du quartier, Juifs ou non-Juifs, s'amusent ensemble comme à toutes les kermesses du monde. En fait, rien ne permet de distinguer les uns des autres. Le ghetto, direz-vous, ne mérite-t-il donc plus son nom? En effet — et c'est heureux. Mais il n'en a pas toujours été ainsi. On peut s'en douter : être Juif, dans la capitale du catholicisme, cela ne devait pas être une sinécure!

Pourtant la communauté juive de Rome est sans doute la plus ancienne d'Europe — elle remonterait au IIe siècle avant notre ère. Et ce fut sans doute la plus nombreuse puisque, sous les derniers empereurs, elle ne comptait pas moins de quarante mille membres, presque tous installés dans le Trastevere — c'est-à-dire sur les marges de la ville, dans un quartier qui n'a jamais cessé d'être populaire et où le christianisme, secte juive parmi d'autres, s'épanouit dès le règne de Néron...

En fait, ce n'est pas au Moyen Age que les Juifs furent le plus persécutés. Au contraire. Ils jouirent, pour l'époque, d'un sort relativement plus enviable que les communautés israélites de Rhénanie, par exemple. Au début du XVIe siècle encore, médecins et savants juifs étaient fort appréciés à la cour de Jules II. C'est donc seulement à la suite de la Contre-Réforme que leur situation se détériora pour de bon.

Le ghetto lui-même ne date que de 1555 : cette année-là, Paul IV décida de parquer les Juifs dans un quartier situé entre le Palatin et le Tibre, d'enclore ce lieu d'un mur et d'interdire à ses habitants d'en sortir entre le coucher et le lever du soleil. Un peu plus tard, on contraignit les Juifs à écouter des sermons catholiques — le jour du Sabbat, de surcroît! Juifs ou Indiens, c'était l'époque où les Missions se faisaient fort de convertir le monde entier. Gravée en hébreu et en latin, une inscription antisémite, sur l'église de la Congrégation de la Piété Divine, aux portes du ghetto, nous rappelle aujourd'hui ces heures sombres...

Il fallut donc attendre la chute de Rome, en 1870, pour que les Juifs se voient enfin reconnaître l'égalité totale. Dès lors, et comme il faut bien dire à l'honneur de l'Italie que l'antisémitisme n'y a jamais « marché » très fort — tout au moins dans le peuple —, la plupart des Juifs ont choisi la voie de l'assimilation.

Sans renoncer à leur foi — comme en témoigne la construction, en 1904, d'une étonnante synagogue de style assyro-babylonien —, ils n'ont rien gardé des signes — vestimentaires ou autres — qui, dans le Marais par exemple, révèlent l'existence d'une communauté juive. On peut donc traverser le ghetto sans même s'apercevoir que c'est un quartier juif. Les amateurs de pittoresque seront déçus : ça ne vaut pas la rue des Rosiers...

Il ne semble pas, d'ailleurs, que l'assimilation ait posé beaucoup de problèmes, et le mot *ebreo* ne saurait en aucun cas avoir la moindre connotation péjorative. Ici, chaque Juif semble redire du matin au soir, et pour son propre compte, ce joli poème d'Edmond Fleg :

« *Je suis Romain,*
Romain comme seul un Hébreu peut l'être,
Car un Romain qui est romain
Parce qu'il est romain, est beaucoup moins romain
Qu'un Romain qui l'est parce qu'il le veut être... »

Les adeptes d'Allah seraient-ils, à Rome, moins heureux que les enfants de Iaveh?

En fait, la communauté musulmane n'est ni aussi ancienne, ni aussi nombreuse que la communauté juive. L'Islam, à Rome, n'est arrivé qu'il y a peu. Et si l'on met à part le cas de quelques voyageurs arabes qui se rendirent en Occident durant le Moyen Âge, l'afflux des musulmans ne remonte pas au-delà de la dernière guerre mondiale. Ce sont pour la plupart des étudiants, les employés des nombreuses ambassades islamiques, des émirs en vacances... Bref, un contingent permanent d'environ cinq mille personnes.

Or il y a un problème grave : cette petite communauté ne dispose pas encore du moindre lieu de culte. Le vendredi, une centaine de fidèles s'entassent donc malaisément dans un petit appartement du quartier Salario, siège du Centre islamique, dont le secrétaire est un Iranien installé à Rome depuis vingt ans, le prince Abol Ghassem Amin. Mais cette situation ne saurait durer. Et il y a longtemps que le prince réclame la construction d'une véritable mosquée.

Rome est, dit-on, à la veille de donner satisfaction à ce vœu pieux. *Oggi* a même titré : « Pour Allah également, Rome sera cité sainte... » Mais l'affaire est compliquée. Ecoutez plutôt.

Tout s'est déclenché en 1974, lorsque l'ex-président Leone se rendit en Arabie saoudite pour acheter du pétrole au bon prix. Le roi Fayçal sut, paraît-il, se montrer compréhensif, mais il demanda, en échange, que la fameuse mosquée devienne enfin réalité. A peine rentré, Leone transmit donc cette requête au maire de la capitale, le démocrate-chrétien Darida. N'ayant guère d'autre possibilité, la municipalité accepta et proposa alors trois localisations possibles pour le futur édifice : l'E.U.R., Monte Mario ou bien les pentes du Monte Antenne, sur la lisière des Parioli. La première possibilité fut écartée par les Arabes, qui trouvèrent ce quartier trop loin du centre; quant à la seconde, elle suscita un veto formel de la part du Vatican. Il se trouve en effet que si la mosquée était construite sur le Monte Mario, elle dominerait nettement la coupole de Saint-Pierre!

Restait, par conséquent, le Mont-Antenne. Mais les habitants des Parioli, réputés pour leur conservatisme, protestèrent énergiquement. Ils ne veulent pas d'Arabes chez eux. Heureusement, Vicenzo Pietrini, adjoint au maire chargé des problèmes d'urbanisme, vient d'assurer que la construction se fera quand même. Envers et contre tout. Mais le pas décisif — le permis — reste à faire...

En attendant, le projet, lui, est prêt. Et son auteur n'est autre que le célèbre architecte et historien Paolo Portoghesi. Or ce dernier est surtout connu comme un spécialiste de Borromini. Son esprit est tout plein de volutes et de spirales baroques. Il n'y a donc rien d'étonnant à ce que la forme donnée par lui à la coupole de la mosquée — que j'ai vue en maquette —

rappelle étrangement celle... de Sant'Ivo alla Sapienza, le chef-d'œuvre de Borromini! Il est vrai qu'on y retrouve également certaines réminiscences du Panthéon. La différence, c'est que l'ensemble sera réalisé en marbre de Carrare, au milieu d'un grand parc. Il y aura même une salle de projection et une bibliothèque ouvertes à tous. Bref, ce sera un Beaubourg islamique.

Et pour calmer le zèle des Romains les plus pieux, sept cents mètres d'inscriptions coraniques seront gravées dans le marbre, parmi lesquelles on retrouvera, en bonne place, toutes les *sourates* mettant en évidence le rôle joué par le Christ en tant que prophète de Mahomet...

Considérée comme une puissance de second ordre sur la scène internationale, l'Italie s'en console en accueillant tous les exclus. Et si les grands de ce siècle ne se rencontrent plus que rarement à Rome, les exilés, en revanche, aiment s'y retrouver.

Rome, seconde patrie des souverains déchus : de l'ex-roi de Grèce à l'ex-roi d'Afghanistan, nombreux sont ceux qui s'y sont arrrêtés. Naufragés des tempêtes de l'histoire, certains y ont fini leurs jours en espérant, jusqu'à la fin et contre toute raison, que le temps reviendrait en arrière. Comment ne pas trouver, parmi les ruines de Rome, des justifications à cet espoir? Et quel plus bel endroit, pour endurer l'exil? Rome est la ville de ceux qui ont perdu la leur.

Voyez, entre autres, les Erythréens : d'Asmara la lointaine, ils ont porté ici l'antenne européenne de leur mouvement de libération. Mais aussi, et surtout, les Soviétiques : ceux de Moscou, de Kiev, de Léningrad.

Rome est en passe de devenir une cité russe. Lorsque les dissidents arrivent à Vienne, on les envoie d'abord à Rome. Le gouvernement leur octroie une petite indemnité, qui leur permet d'attendre les visas demandés à l'ambassade des Etats-Unis. On les loge à Ostie. Et, pour améliorer leurs fins de semaine, ils se retrouvent, chaque dimanche matin, au marché aux Puces de Porta Portese.

Là, ils vendent leur chemise. Ou les boutons de leur chemise, recousus sur de petits cartons. C'est à peu près tout ce qu'ils possèdent. Sauf quelques-uns, sans doute plus chanceux au passage de la douane, qui ont réussi à emporter avec eux une icône familiale, des disques, des châles, des boîtes laquées, des colliers d'ambre et des poupées gigognes — bref, tout le bazar habituel des *Beriozka*, ces magasins pour étrangers où achètent les touristes. Certains offrent même — à des prix, on s'en doute, bien intéressants — leur appareil photographique ou leur boîte de compas. En bons Méditerranéens, les Italiens marchandent à mort. Les Russes ne comprennent pas toujours le jeu. Mais comme ils débarquent, qu'ils ne connaissent pas plus de trois ou quatre mots, qu'ils portent encore leurs vêtements de vagabonds — ils n'osent pas se défendre. *Affaroni*! se disent entre eux les Romains. Grosses affaires!

A regarder de plus près l'éventail des objets que vendent les exilés, on fait d'intéressantes constatations. On observe, par exemple, que leurs propriétaires ne devaient guère être ouvriers ou paysans. De fait, la plupart de ceux qui s'en vont sont des médecins, des ingénieurs, des techniciens. Bref, des intellectuels. On voudrait bien qu'ils s'en tirent tous. Mais il est évident que dans une société capitaliste, ils partent mal armés au combat. Tout ce qu'ils voient les tente... mais où prendre l'argent? Ils auront bien du mal, dans nos économies en crise, à trouver du travail. Et seuls ceux qui ont tâté du goulag ou écrit des bouquins intéressent nos bonnes âmes « libérales ». Les autres n'ont qu'à se débrouiller! Décidément, je ne sais pas si nous leur rendons un grand service en leur disant de venir chez nous...

(Au fait — ça n'a aucun rapport, ou presque —, je viens de découvrir une statistique intéressante : l'auteur le plus lu dans le monde serait, paraît-il, Staline. Six cent soixante-dix millions d'exemplaires vendus. Qui dit mieux?)

Il pouvait être dix heures.

Autour du pape, les cardinaux, plongés dans l'anxiété, attendaient sans mot dire. Au dehors, le canon continuait à tonner.

Soudain, Pie IX se leva.

— Le son de cette musique, déclara-t-il, est rien moins qu'agréable. On pourrait en changer.

Quelques instants plus tard, le drapeau blanc fut élevé sur Saint-Pierre. Le Vatican se rendait. Rome revenait à l'Italie.

C'était le 20 septembre 1870.

A l'époque, Rome comptait environ 290 000 habitants. Elle en a, aujourd'hui, dix fois plus. Et en un siècle, la ville a complètement changé d'aspect. Lorsque Victor-Emmanuel II prit possession de sa nouvelle capitale, celle-ci ne comprenait guère, en dehors des maisons particulières, que des édifices religieux : il fallut loger les premiers ministères dans des églises et des couvents. Le ghetto était encore périodiquement ravagé par des inondations : on décida alors d'édifier les quais du Tibre. Des quartiers entiers sortirent du sol, comme par exemple celui de la place Vittorio — si turinoise d'allure, avec ses galeries à arcades de style piémontais — ou, plus tard, celui des *Prati* — surgi au beau milieu d'une très ancienne prairie... Bref, le *centro storico* ne fut plus qu'un quartier parmi d'autres — même si c'est encore le seul que visitent les touristes, généralement ignorants de l'étendue réelle de la cité.

En même temps, les rapports de Rome et du Vatican se stabilisèrent. On a bien oublié, aujourd'hui, que ce ne fut pas facile. Pourtant, il y a moins d'un siècle, le 15 juillet 1881, la dépouille mortelle de Pie IX — qui traversait Rome en direction de San Lorenzo où elle devait être inhumée — fut conspuée par une foule hostile. Aux alentours du pont Saint-Ange, de jeunes manifestants crièrent « A l'eau, le pape! » et furent bien près de passer aux actes... En 1888 encore, le président du Conseil Francesco Crispi dut mettre Saint-Pierre en émoi lorsqu'il décida de faire élever une statue à Giordano Bruno sur le Campo dei Fiori, à l'endroit précis où l'Eglise avait fait brûler, plus de deux siècles auparavant, le grand philosophe.

Par la suite, l'Eglise et l'Etat se sont rapprochés. Grâce à Mussolini, d'abord; aux démocrates-chrétiens, ensuite. Aujourd'hui, il n'est pas une salle dans l'Université de Rome où ne trône un crucifix. Et lorsque, à la mort de Jean Paul Ier, le journal satirique *il Male* émit quelques propos malicieux, il fut, aussi sec, poursuivi pour « outrage à chef d'Etat étranger »...

Au reste, il y a beau temps que le pape ne se considère plus comme un « prisonnier », et que les aristocrates ont cessé de porter, en signe de deuil, des brassards noirs... Le thème de l'unité italienne parvint, assez rapidement, à rassembler tous les partis. Aussi, le monument romain le plus représentatif de cette période — la première moitié du XXe siècle — reste-t-il bien le monument à l'unité de la patrie, qui est aussi le monument à Victor-Emmanuel II et le tombeau du Soldat inconnu.

Mais l'histoire de cette monstrueuse pâtisserie — édifiée dans une pierre choisie pour sa blancheur immuable — est encore plus significative d'un problème éternel : celui du gaspillage et du désordre qui, depuis des temps fort lointains semble-t-il, n'ont pas cessé de caractériser l'administration de l'Urbs.

« Je viens de relire la *Guerre de Jugurtha,* m'écrivait l'autre jour Manuel de Diéguez. C'est étonnant, mais on dirait que rien n'a changé : toujours le même mélange de nationalisme à outrance et de prévarication généralisée... »

Jugement perspicace. En matière d'urbanisme par exemple, les municipalités romaines du XXe siècle se sont particulièrement distinguées. Songez seulement que le projet du Monument à l'unité devait coûter dix millions (de lires) et être réalisé en quelques années. En fait, sa construction engloutit quarante millions, et exigea vingt-six années de travail.

Quant au Palais de justice, son histoire fut encore plus troublée. La réalisation en fut décidée de 1883, et la première pierre fut posée en 1888. Mais c'est alors que commencèrent les vraies difficultés : on s'aperçut que, depuis la construction des quais, les eaux souterraines ne pouvaient plus s'écouler vers le Tibre. Il était prévisible qu'elles attaqueraient, insidieusement, les fondations du futur palais. Le bon sens aurait donc consisté à le déplacer. Mais on n'en fit rien. On continua la construction. Celle-ci finit par coûter quarante et un millions — au lieu de cinq. Et les polémiques furent si violentes qu'en 1906 le ministre des Travaux publics déclara, en pleine Chambre, qu'il espérait bien ne plus faire partie du gouvernement lorsqu'un édifice aussi désastreux serait inauguré. De fait, le bâtiment ne put être maintenu bien longtemps en usage : en 1970 il fallut l'évacuer et l'on attend, depuis, qu'il s'effondre doucement...

Et le métro de Rome? Mieux vaut, ici, ne rien en dire. Sa mise en chantier, décidée en 1964, et les milliards de lires qui y furent absorbés, n'ont encore abouti qu'à l'installation de quelques rares stations, fort éloignées les unes des autres. Enfin, on ne peut pas tout avoir. Il faut choisir : ou bien le métro, ou bien les catacombes. Et Rome possède surtout des catacombes.

Autre plaie — proverbiale — du *malgoverno* : les hôpitaux. Rome a d'excellents médecins, et des services réputés pour leur haut niveau scientifique. Mais une gestion désordonnée sinon douteuse, sans parler d'énigmatiques difficultés « d'approvisionnement » en médicaments, rendent le séjour hospitalier parfois problématique...

Encore faut-il pouvoir en profiter. Un sketch célèbre des *Nouveaux Monstres* montre Alberto Sordi accompagnant, de nuit, un blessé grave aux services des urgences de trois hôpitaux successifs. Celui d'Etat est déjà plein, l'hôpital religieux ferme après vingt-deux heures, l'hôpital militaire ne prend pas les civils. En désespoir de cause, Sordi rapporte donc son blessé là où il l'a trouvé... et l'abandonne en lui souhaitant bonne chance!

La situation se complique encore lorsque le personnel hospitalier se met en grève; et cela arrive assez souvent, vu les salaires des infirmiers. Alors les malades rentrent chez eux, s'ils le peuvent. Sinon, leur famille vient camper à l'hôpital, pour les veiller et les nourrir. Parfois, si la grève dure trop longtemps, les malades à leur tour font la grève... de la faim, pour protester contre leur malheureuse situation.

Autre type de problème : un chirurgien du San Camillo a décidé, il y a peu, de cesser tout travail jusqu'à ce que l'appareil permettant de faire des coronographies soit réparé. Mais l'entreprise qui a installé ledit appareil refuse de le remettre en état — pour la bonne raison que l'hôpital ne le lui a, tout simplement, jamais payé!

Et les hommes politiques, me direz-vous, que font-ils? Rassurez-vous : pour eux, tout va bien. A l'exemple du président du Conseil de la région Latium, ils ne fréquentent que les cliniques privées non conventionnées [1]. Le service y est plus luxueux. En outre, les soins y sont assurés par des médecins hospitaliers — sans doute plus réputés —, et cela en violation complète de la loi sur l'incompatibilité, qui interdit aux médecins conventionnés d'exercer en clinique.

La presse, comme vous vous en doutez, ne se fait pas faute d'ironiser sur de tels cas. Récemment, un citoyen a écrit aux journaux pour proposer la loi suivante, dont l'article premier et unique déclare : « Les hommes politiques qui ont des charges publiques rétribuées, ainsi que leurs parents au premier degré, sont obligés d'utiliser les structures publiques telles que écoles, hôpitaux, services de police (et non gorilles

1. Information donnée par le *Messaggero*, 7 août 1978.

privés), etc. Sanction en cas de transgression : révocation immédiate, ou suppression des avantages sociaux... »

Una bella legge, en vérité, *bellissima.* Et qu'on pourrait, d'ailleurs, faire appliquer aussi chez nous.

Bien sûr : tout n'est pas la faute du maire ni du gouvernement. Et derrière les problèmes d'administration, il y a bien d'autres difficultés. N'empêche que le *malgoverno,* en Italie, est une réalité tellement tangible que les hommes politiques finissent un peu par jouer, à tout propos, le rôle de bouc émissaire. Qu'ils ne s'en plaignent pas trop : ils l'ont bien cherché...

On s'est interrogé à l'infini sur l'origine du mal. Elle n'est pourtant pas mystérieuse. Des centaines d'intellectuels italiens, quel que soit leur horizon, l'ont déjà diagnostiquée : le caractère récent de l'unité et de l'Etat font que le citoyen, en Italie, n'a pas encore vraiment la tête civique. Pour lui, ce qui est important, ce n'est pas l'Etat. C'est la famille. Si quelque chose va mal, si on lui cherche des ennuis, s'il se sent menacé ou si les siens le sont, ce n'est pas à la loi qu'il demandera secours. C'est à la famille. Ou à ces succédanés de famille que constituent l'Eglise ou la Mafia...

Bref, le lien personnel, la protection qu'un individu « puissant » peut accorder à un autre — comptent plus que la police ou la justice. On peut appeler ce phénomène : clientélisme. Ce qui est sûr, c'est que tout le monde y succombe — plus ou moins. Et que les plus affranchis ne sont pas les hommes politiques. Bien au contraire.

Il y a, en Italie, deux grands partis populaires. Logique, puisqu'il n'y avait, à la Libération, que deux grandes traditions culturelles : catholique d'une part, marxiste de l'autre. La première favorisée par le Vatican, la seconde profondément ancrée dans les souvenirs de la Résistance. Et les fascistes, direz-vous? Disparus. Hormis le petit M.S.I. — d'ailleurs coupé en deux tendances rivales —, plus personne ne souhaite réellement un retour à l'Etat corporatiste. Au reste, ce dernier n'était jamais qu'une sorte de famille agrandie, où tous les Italiens se retrouvaient, bon gré mal gré, fils de Mussolini et de la Louve. Ce n'était pas encore un véritable Etat.

Mais la démocratie chrétienne, livrée à elle seule, n'est pas non plus capable d'instaurer cet Etat. Elle aussi, en fin de compte, constitue une mafia. L'esprit de paroisse y étouffe volontiers le sens de la nation. D'ailleurs, seuls des experts seraient capables de dresser l'inventaire des différents courants, ou l'historique des nombreuses brouilles qui perturbent, en permanence, la vie de cette famille. Les autres, comme moi, lisent les journaux avec scepticisme. La chronique intérieure leur fait l'effet d'un poème hermétique, et le byzantinisme du jargon officiel les plonge dans une perplexité sans bornes. Il faut dire que la politique, à Rome, est faite par trois cents personnes : les seules qui sachent s'y retrouver dans le dédale des alliances et des conjurations.

Quant au parti communiste italien, je serais tenté de dire qu'il est... plus italien que communiste. Ses structures sont peut-être léninistes, mais le clientélisme y règne tout comme dans la démocratie chrétienne. Et c'est pourquoi les deux partis rivaux — mais frères — ne peuvent pas s'ignorer. Ils sont forcés de gouverner ensemble. L'enjeu, pour chacun d'eux, se résume à ceci : laisser à l'autre la responsabilité des décisions impopulaires.

Bien sûr, il y a une différence de taille : depuis plus de trente ans, les démocrates-chrétiens occupent le devant de la scène. Et trente ans de pouvoir, ça use! C'est donc chez eux qu'on trouve le taux le plus élevé de scandales. D'un autre côté, les communistes ne peuvent pas régner seuls : Washington l'interdit. Le « compromis historique » — suggéré par Berlinguer après la chute d'Allende, et entré plus ou moins tacitement en vigueur dès 1976 — paraît donc, *actuellement*, l'unique solution viable.

Et la seule autre possibilité ne pourrait venir que d'un renforcement des petits partis laïques. Car il y a bien d'autres partis : radical, républicain, socialiste et social-démocrate par exemple. Mais leur importance est, même actuellement, surtout verbale. La Malfa et Craxi parlent beaucoup, organisent des meetings impressionnants, bombardent les journaux d'interviews fracassantes : pourtant, ils n'arrivent pas à dépasser la barre des 10 %.

Seuls les radicaux ne ressemblent pas tout à fait aux autres. Se désintéressant du jeu parlementaire, ils font porter l'essentiel de leurs efforts sur les grands problèmes de société, auxquels ils tentent de sensibiliser la population par de vastes campagnes de propagande. Pendant des mois on a pu voir, dans toutes les grandes rues de Rome, leurs stands improvisés : des militants invitaient les passants à signer une pétition qui ne réclamait pas moins de... huit référendums. Ceux-ci concernaient l'abrogation du Concordat, des annulations ecclésiastiques, des codes militaires, des dispositions légales contre la liberté d'expression, des dispositions « fascistes » en général, du financement public des partis et de la loi interdisant l'avortement. Les cinq cent mille signatures requises par la Constitution furent largement obtenues, mais la plupart de ces référendums furent déclarés « anticonstitutionnels » par les juristes, soucieux d'éviter de grands débats populaires sur des questions de fond. Finalement, deux seulement de ces consultations eurent lieu, concernant le financement des partis et la loi Reale (c'est-à-dire les libertés publiques) : survenant juste après l'affaire Moro, en juin 1978, elles furent évidemment gagnées par communistes et démocrates-chrétiens, qui avaient accordé leurs violons. Les radicaux en furent donc pour leurs frais...

Mais il en va ainsi chaque fois qu'un problème grave se pose. Les grands partis ferment les yeux, les petits ne réussissent pas à s'entendre, et le poisson est noyé.

Depuis 1976, le processus s'aggrave du fait que le gouvernement Andreotti est appuyé, au Parlement, par une écrasante majorité — une de ces majorités dont même les dictateurs n'osent pas rêver dans leurs moments de folie... En fait, l'opposition légale ne doit pas dépasser de beaucoup les 20%. Evidemment, Andreotti peut tomber d'un instant à l'autre : mais son successeur devra continuer dans la même ligne.

Au reste, on a bien vu que ni l'affaire Moro ni l'affaire Leone n'ont réussi à infléchir le sens du « compromis ». Pourtant, le scandale constitué par les malversations plus ou moins attribuées à l'ex-président de la République aurait pu fournir l'occasion d'un coup de balai dans les écuries d'Augias... ou tout au moins, pour la classe politique, d'une remise en question. En fait, Leone servit de bouc émissaire. Lorsqu'il fut évident qu'on ne pouvait plus le défendre, lorsque le livre de Camilla Cederna [1], qui rassemblait toutes les accusations contre lui, devint un best-seller, la D.C. sacrifia Leone à l'opinion publique. Et le P.C. sacrifia ses propres ambitions à la nécessité de la *combinazione* : ce fut un socialiste qui s'installa au Quirinal.

Un socialiste bon teint, d'ailleurs : pour ce qui est de la morale, Pertini est l'anti-Leone. Mais plutôt que de faire éclater le problème de la corruption à tous les niveaux, la presse le noya sous des commentaires anecdotiques. On apprit ainsi que Leone faisait vivre plusieurs de ses familiers au Quirinal et qu'il y occupait un appartement de quatre cents mètres carrés — alors que son successeur se contentait d'un modeste trois-pièces, et que Mme Pertini allait elle-même faire ses courses au marché... Comme toujours, le détail occultait l'essentiel.

Et la vie continua comme avant. D'accord sur les principes, les partis italiens n'ont plus que des semblants de conflit — sauf, bien sûr, lorsqu'un héritage — autrement dit, un partage de bénéfices — est en question. Comme on s'en doute, les idéologies accusent le coup. Et les dirigeants cherchent, en vain, des formules neuves.

Décidément, écrit Robert Solé en septembre 1978, « cette rentrée politique donne un sentiment de déjà-vu »...

1. Camilla Cederna : *Giovanni Leone, la Carriera di un presidente,* Feltrinelli, 1978.

Avec un tel climat, les militants ne nagent pas toujours dans l'euphorie. Surtout ceux du parti communiste : sommés de défendre, auprès des masses ouvrières, un compromis dont celles-ci sont loin de ressentir les avantages, ils ont un peu perdu la foi. En ce moment, donc, les choses bougent à la base du parti. Ces changements pourront-ils, dans un proche avenir, se répercuter jusqu'au sommet? Ce n'est qu'une hypothèse — mais qui ne manque pas de vraisemblance.

D'autant que la ligne « anti-compromis » jouit, à l'intérieur même du communisme italien, d'appuis non négligeables. Comme celui, par exemple, d'Umberto Terracini.

Dans son petit bureau du Palazzo Giustiniano, qu'il occupe depuis bientôt trente ans, le sénateur Terracini fait aujourd'hui l'effet d'un octogénaire vif mais frêle, trop distingué pour ameuter les foules. Pourtant, cet homme est l'un des plus anciens membres du P.C.I. aujourd'hui survivant. De fait, il a même été, avec Gramsci et Togliatti, l'un des fondateurs de son parti. Et depuis, il n'a jamais cessé de mener une vie de militant à l'avant-garde des combats. Déporté sous le fascisme, exclu du P.C.I. durant la guerre, réintégré à la Libération, signataire de l'actuelle constitution italienne — et considéré, à ce titre, comme l'un des Pères de la Patrie —, Umberto Terracini est une vivante leçon d'histoire et de courage.

Après s'être constamment opposé au stalinisme, il dénonce aujourd'hui la politique du compromis — tout en refusant de démissionner puisque aussi bien il ne cesse pas, il n'a jamais cessé de se considérer comme communiste.

— Selon la stratégie du compromis, m'expliquet-il dans un français impeccable, le parti paye et ne reçoit rien. Il demande aux travailleurs de renoncer à leurs revendications pour soutenir le gouvernement Andreotti... Mais en réalité, le compromis ne pourra jamais se réaliser vraiment : s'il se réalisait, cela voudrait dire que notre parti a cessé d'être communiste. Cela signifierait aussi la mort de toute opposition — et donc la perspective d'un regain de terrorisme.

Terracini sait, hélas, de quoi il parle. Son propre fils a été en prison pour avoir, voici quelques années, lancé une bombe contre le siège d'une section fasciste.

— Je ne vois de solution, dit-il enfin, que dans une union des gauches. Après tout, la démocratie chrétienne ne sera pas éternelle. Mais il faut attendre encore...

Attendre. Il y a trente ans que les Italiens attendent!

Il y a trente ans que le sénateur Terracini lui-même attend, dans ce petit bureau sans fenêtre. Au fait, pourquoi est-ce ici, au Sénat, qu'il me reçoit — et non dans le palais des Boutiques obscures?

— Oh! vous savez, j'aurais bien pu avoir mon bureau là-bas, mais je préfère rester au Sénat. Ici, j'y étais avant tout le monde — même avant Saragat et Gronchi [2]. Et puis, là-bas, « ils » aiment mieux que je sois un peu loin. Pour eux, j'ai toujours été un opposant. Un opposant de l'intérieur, bien sûr. Mais un trouble-fête quand même...

Au mur, une photo montre Terracini s'adressant, il y a bien des années, à une foule immense, sur la grande place de Sienne. L'art de parler aux masses : un art que Berlinguer — homme d'appareil s'il en fut — n'a jamais maîtrisé.

2. Deux anciens présidents de la République italienne.

— Et l'eurocommunisme, qu'en pensez-vous?

Le sénateur, comme pour voiler imperceptiblement l'ironie de son regard, plisse un peu les paupières.

— L'eurocommunisme? Je crois que son véritable chef, c'est Carrillo...

Peu ou prou, des réserves analogues envers le compromis se manifestent aussi chez différents intellectuels. Mais elles ne sont que rarement rendues publiques. Il y a à cela plusieurs raisons, que les Français en général ignorent.

D'abord, les intellectuels italiens ont plus de poids social que leurs homologues parisiens. Ceux-ci se contentent de refaire le monde dans des revues d'avant-garde. Ceux-là sont davantage engagés dans la vie politique, dans le jeu réel des forces et des partis. C'est pourquoi ils ne peuvent choisir qu'entre deux solutions : ou devenir hérétiques — comme Bruno, Machiavel et Pasolini —, ou demeurer prudents. A Rome, ce n'est pas comme à Paris, où les mots n'ont plus de sens...

Du reste, ce n'est pas parce qu'ils soutiennent tel ou tel programme — celui du P.C., par exemple — que les intellectuels perdent leur influence. Bien au contraire. Seulement ils sont obligés de prendre leurs responsabilités au sérieux, autrement dit de peser leurs paroles. C'est une vieille habitude, rien de plus. Elle déconcerte parfois le Français qui interroge à tort et à travers. L'Italien se rebiffe : il y a des choses qu'on ne dit pas comme ça. Il y faut un peu d'art... et d'humour. Attaquer le compromis, par exemple, c'est bien beau! Mais par l'intermédiaire des municipalités et des syndicats, le P.C. contrôle réellement une bonne partie des forces vives du pays. Il faut donc composer avec lui.

D'ailleurs, le véritable problème de l'Italie, ce n'est peut-être pas l'excès d'idéologie — ou de politisation. Ce serait plutôt l'absence d'idées — tout au moins d'idées claires. Il y a trop d'Italiens, surtout dans les grandes villes — où la désagrégation sociale est plus avancée — qui ne savent pas trop de quel bord ils sont. Ces innombrables petits-bourgeois, dont la situation économique est chaque jour plus précaire, souffrent d'une véritable carence des valeurs. Alors ils se jettent, selon un mouvement régulier de pendule, dans les bras du plus fort : noir, rouge, noir...

Un écrivain impitoyable, Vicenzo Cerami, a tracé leur portrait dans un livre — *Un borghese piccolo piccolo*[3] — qui vaut peut-être, à lui tout seul, des kilos d'analyse sociologique. Il faut dire que Cerami a été à bonne école : dans les années cinquante, son professeur de lettres à la *scuola media* de Ciampino — dans la banlieue de Rome — s'appelait Pier Paolo Pasolini.

La trame du roman est simple : petit employé dans un ministère romain, Giovanni n'a de cesse que son fils passe un examen qui lui permettra de « s'élever » dans l'échelle sociale. Il entre donc dans la franc-maçonnerie, il corrompt ses supérieurs hiérarchiques — bref il est prêt à tout pour l'avenir de son fils. Mais celui-ci, témoin involontaire d'un hold-up, est tué d'une balle perdue le matin de l'examen. Tragique accident. Et voici que Giovanni, peu après, retrouve le cou-

3. Garzanti, 1976; trad. fr. au Seuil, 1978. En 1977, Mario Monicelli a tiré, de ce roman, une bonne adaptation cinématographique.

pable : mais au lieu de le livrer à la justice, il l'exécute lui-même, après l'avoir, dans un accès de violence, affreusement torturé. Puis la vie continue comme avant : Giovanni, estimé de ses collègues, prend une retraite bien méritée. Le vide et la misère de sa propre existence ne finiront qu'avec sa mort.

Sur cette parabole « pasolinienne », Cerami a greffé une morale qui sonne comme un avertissement (bien que le livre ait été écrit en 1973, avant l'explosion du terrorisme) : lorsque la classe moyenne n'a plus de valeurs propres, elle se laisse tenter par la violence. Alors, tout est possible.

Du moins, telle est mon interprétation. Mais Cerami, qui adore discuter, m'interrompt pour la préciser :

— En fait, dit-il, la violence avait toujours été là dans la vie de Giovanni. Violence de ses supérieurs, violence de l'argent — qui s'exerçaient sur lui; violence, aussi, qu'il exerçait sur sa femme et son fils. Mais « l'accident » a joué comme un catalyseur. Giovanni a découvert alors que la société n'avait rien à lui offrir en échange de son fils. Et tel est le drame de l'Italie : ni la D.C. ni le P.C. n'ont de valeurs vraiment nouvelles à proposer aux classes moyennes, formées de gens coupés, pour la plupart, de leurs racines rurales et dialectales, et perdus, solitaires, dans la jungle des villes.

— Mais ton petit-bourgeois, n'a-t-il pas, tout au moins, certains mythes?

— Des mythes, oui, il en a : celui du prestige, par exemple. Mais il n'a pas d'idéologie : alors il se lie avec ceux qui en ont une, si faible soit-elle, à lui offrir. Le fascisme, par exemple, a été une telle proposition de valeurs; et la petite-bourgeoisie a aussitôt marché. Mais aujourd'hui, elle n'a vraiment plus rien à se mettre sous la dent. Alors, les petits-bourgeois sont devenus prêts à tout.

— Surtout à Rome?

— Non, bien sûr, c'est un phénomène plus général. Seulement l'esprit dont je parle est bien typique de Rome. Ici, il n'y a pas d'industrie — sauf celle du cinéma —, il y a 90 % de fonctionnaires et de petits-bourgeois. Surtout dans le quartier Tuscolano, par exemple [4] : là, c'est littéralement plein de *piccoli borghesi morti di fame* [5] — comme nous disons en italien. Car ils sont pauvres, objectivement, plus que les ouvriers de chez Fiat. Seulement ils ne travaillent que quelques heures par jour, confortablement installés derrière le guichet d'une administration : alors ils sont tout fiers! Jusqu'au jour où ça craquera...

— Le fascisme, de nouveau?

— Non, je ne crois pas. Aujourd'hui, le fascisme est devenu archaïque. C'était d'ailleurs une sorte de paradis, comparé à ce qui nous attend. Ce qu'il faut craindre, ce n'est plus le fascisme, c'est que l'Italie devienne le ghetto de l'Europe. C'est que le déchaînement de la violence y crée une situation ingouvernable. Alors les Russes et les Américains — qui sont déjà d'accord sur l'essentiel — s'entendront sur notre dos pour nous imposer un gouvernement fantoche. L'Italie, ne l'oublie jamais, est au cœur même de la Méditerranée : les stratèges, eux, y pensent tout le temps.

— Tu vois une solution?

— Je sais seulement que l'Italie possède, sur le papier, l'une des meilleures constitutions du monde.

4. Où se situe l'action du roman de Cerami.

5. « Petits-bourgeois morts de faim » — expression courante.

Mais celle-ci est bloquée. Bloquée par les jeux de la classe politique — qui ne voit que ses intérêts —, bloquée par les conditionnements, la sous-culture et les média, par l'ignorance et par les préjugés. Quand on vit isolé, comme un petit-bourgeois, on ne peut pas avoir le sens des réalités et de la solidarité. Regarde le calme des Italiens, leur absence de réaction à la mort de Moro : le monde entier y a vu une vertu. Eh bien c'est un exemple de notre pire défaut, de cette passivité qui nous perdra. Voilà le véritable drame du petit-bourgeois; il est prisonnier de rituels si figés qu'il peut toujours tenter de refouler les problèmes. Il a toujours un peu d'espoir : espoir faux, ridicule, mais qui seul lui permet de continuer à vivre...

Vicenzo se tait un instant.

— Au fond, conclut-il, ce Giovanni, je l'aime bien. C'est un homme comme les autres.

Bien sûr. Mais c'est un homme capable des pires excès. Et qui sait ce que, demain, Giovanni nous réserve?

Surtout qu'il habite Rome. Et qu'à Rome la violence porte un nom qui répand la terreur : *terrorismo,* précisément.

16 mars 1978 : toutes les radios annoncent, peu avant dix heures du matin, que *l'honorable* Aldo Moro vient d'être enlevé. L'événement a eu lieu alors que le président de la démocratie chrétienne se rendait au Parlement, le matin même où se présentait pour la première fois devant les députés le nouveau gouvernement Andreotti, soutenu officiellement par le parti communiste : bref, le premier grand gouvernement de « compromis » à la réussite duquel Moro, l'homme le moins compromis de la D.C., avait entièrement voué ses dix dernières années.

A cette annonce, les gens restent frappés de stupeur. Les parents téléphonent dans les écoles pour savoir s'il y a quelque danger à laisser les enfants revenir seuls. Atmosphère de déclaration de guerre. Vers midi, les journaux tirent une édition spéciale : *Moro rapito.* La grève générale, spontanément, s'organise : elle durera une journée.

1er mai 1978 : fête du travail assez morne, marquée par de faibles manifestations. Il y a quarante-six jours, maintenant, que Moro a disparu. L'événement continue d'occuper la une des journaux, mais entre-temps le printemps est venu, et chacun, s'il le peut, tente de s'échapper de Rome. Sans ignorer qu'il y a, partout, des barrages, je me lance moi aussi sur l'autoroute : mais personne, ni à l'aller ni au retour, ne me fait ouvrir mon coffre.

9 mai 1978 : le corps d'Aldo Moro est retrouvé dans une Renault abandonnée via Caetani, à égale distance du siège central du P.C. et de celui de la D.C. Annonçant la nouvelle en début d'après-midi, la radio interrompt ses programmes pour diffuser de la musique classique, entrecoupée d'interviews de politiciens. En apparence, Andreotti reste maître de lui. Au contraire Zaccagnini — le secrétaire de la D.C. — pleure. Musique.

Une nouvelle fois, les commerçants tirent le rideau de fer. Une journée de grève.

13 mai 1978 : Paul VI préside, à Saint-Jean-de-Latran, un rite funèbre en l'honneur d'Aldo Moro. La femme et les enfants de ce dernier ont refusé d'y assister. Ils sont restés fidèles aux dernières volontés de Moro, qui avait dit aux hommes de la D.C. : « Mon sang retombera sur vous. »

Le peuple de Rome est, lui aussi, étrangement absent. Sans doute l'ampleur du dispositif policier mis en place autour de l'église rendait-elle sa présence difficile. De plus, il pleut.

Enfin, il y a beaucoup de gens qui se demandent si les cinq gardes du corps d'Aldo Moro ne méritaient pas, eux aussi, un hommage officiel.

3 juin 1978 : dans la via Caetani, à l'endroit où se trouvait la Renault, s'entassent drapeaux, couronnes de fleurs, portraits d'Aldo Moro, insignes de la D.C., messages et ex-voto offerts par différents quartiers de Rome ou par d'autres municipalités italiennes. L'un de ces messages porte l'inscription suivante : « Moro, nous ne t'oublierons pas. »

Mais la une des journaux et le centre de toutes les conversations, cette semaine-là, sont occupés par le football. Dans le *Mundial* qui se déroule en Argentine, l'Italie n'a-t-elle pas été à deux doigts de la victoire?...

Le terrorisme, à Rome? Il existe, bien sûr. Vous l'avez rencontré... dans vos journaux.

Mais ailleurs, dans la rue?

Là, c'est très différent. D'abord, tout dépend du quartier où l'on vit.

Et puis, vous voyez bien : le soleil, les touristes, les trattorias bondées... Tout continue comme avant. Qui peut donc croire, à Rome, que la vie n'est pas belle?

Certes, des bombes explosent. Il en saute toutes les nuits, ou presque. Heureusement, elles ne font pas toujours des victimes : ce sont souvent des bureaux, des locaux officiels qu'on attaque, à l'heure où ils sont vides. Et le lendemain, hormis quelques lignes, quelques photographies dans la presse, il ne reste rien, ou pas grand-chose, de « l'événement ».

Plus graves, plus rares aussi, les homicides ne sont qu'à peine plus remarqués. Pourtant, les chiffres sont là : vingt-trois morts, dans toute l'Italie, pour le premier semestre de 1978. Et trois cent dix-huit blessés. C'est beaucoup, même par rapport à un total de mille quatre cent quatre-vingt-sept attentats; même si, en Espagne, pendant les neuf premiers mois de la même année, le nombre des morts s'est élevé à cinquante-neuf. D'ailleurs un mort, un seul, serait déjà un mort de trop. Alors, comment expliquer la relative indifférence nationale?

Phénomène complexe — plus déroutant, encore, que le terrorisme lui-même. Pour l'écrivain Leonardo Sciascia, le style d'action et d'organisation des Brigades rouges rappelle étrangement celui de la Mafia. Entre les deux « familles », on peut voir, en effet, plus d'un point commun : par exemple, le système du chantage pour imposer *l'omertà* — la loi du silence — ou pour solliciter protection et complicité; par exemple encore, l'habitude terroriste de « tirer dans les jambes », d'esprit analogue à la taillade du jarret pratiquée sur le bétail par la mafia rurale, en guise de représailles [1]. Il n'y aurait donc rien d'étonnant à ce que les Italiens, habitués depuis longtemps à la criminalité mafieuse, ne réagissent plus devant le terrorisme. Celui-ci ne serait, pour eux, que la répétition d'un scénario connu.

Surtout que — comme le rappelle de son côté le journaliste Giorgio Bocca [2] — la tradition du mouvement ouvrier et paysan a toujours été, en Italie, une tradition de violence politique, et que les luttes du peuple ont fréquemment été sanglantes.

Mais on ne peut pas non plus rejeter l'explication que propose Moravia, même si elle est, en apparence, incompatible avec la précédente. Pour l'auteur du *Mépris*, l'Italie n'est qu'un pays superficiellement politisé. De fait, la Résistance est loin; la lutte contre le fascisme a perdu de son actualité; et le meurtre d'un gardien de prison — alors que les évasions sont monnaie courante — n'est même plus perçu comme un crime politique. Les terroristes, de leur côté, se

1. Cf. L. Sciascia, *l'Affaire Moro*, Grasset, 1978, p. 165.
2. G. Bocca, *il Terrorismo italiano*, Rizzoli, 1978, p. 16.

contentent bien souvent de frapper, sans expliquer leurs objectifs aux masses. A supposer, bien sûr, qu'ils aient des objectifs...

(Vous pourriez en douter, en apprenant que sur les quinze cents attentats commis durant le premier semestre de 1978, seulement trois cent trente-sept ont été revendiqués — encore l'ont-ils été par cent trente-sept groupes différents! —, et que les Brigades elles-mêmes n'en ont commis, à ce qu'il paraît, que cinquante-huit. Alors, demanderez-vous, les autres?...

Allez savoir! On dirait que les poseurs de bombes ignorent l'usage du téléphone. Ou peut-être bien ne savent-ils pas écrire.)

Mais qui sont donc les terroristes? Des gens qui vivent dans l'ombre. Des clandestins. Donc, par définition, vous n'en connaissez pas. Ni moi. Ils font beaucoup parler d'eux — et cependant personne ne les voit...

Voilà le problème. Vous enseignez, disons, à l'université de Rome. Votre collègue, dans l'*aula* voisine, professe des opinions peu orthodoxes. Il trouve que les camarades de *Lotta Continua* — à la gauche du parti communiste — se sont laissé embourgeoiser. Il sympathise avec les *autonomes* — partisans d'une intensification des luttes et du recours à certaines formes de violence. Il n'en faut pas plus pour que vous le soupçonniez : s'il pense mal, c'est déjà un terroriste en herbe. De là à le dénoncer, il n'y a qu'un pas... que vous ne franchirez pas, heureusement, ne serait-ce que par peur des représailles. Mais la méfiance s'installe. Le terrain est prêt pour la chasse aux sorcières. Et si celle-ci n'a pas encore commencé, c'est bien parce que l'esprit des Italiens est peu porté au fanatisme collectif — malgré la tradition d'intolérance propre à l'Eglise. Et parce que la police, nul ne l'ignore, est d'une efficacité douteuse...

Au reste, les intellectuels français qui, au printemps 1978, avaient signé un manifeste pour déclarer que le régime italien était répressif, ont été lourdement désavoués : six mouvements de libération du monde entier — dont le Polisario — leur ont répondu, quatre jours après la découverte du cadavre de Moro, qu'un tel propos relevait de « l'aberration [3] ».

Dont acte. Seulement, si le régime italien n'est pas répressif, il est étouffant. L'accord entre les grands partis a pour effet de faire peser, sur la moindre hérésie, les soupçons les plus graves. Ce n'est pas le moment d'être un dissident — ou, comme dirait mon ami Jean-Noël Vuarnet, un « philosophe artiste »...

Car d'un côté de nombreux communistes affirment que les terroristes ne sont que des petits-bourgeois pourris par la société de consommation, bref des crypto-fascistes, et que le terrorisme lui-même n'est qu'un « corps étranger » qu'il faudrait se hâter d'extirper, par on ne sait quelle opération, du corps italien; de l'autre, la droite est prête à jurer que les « brigadistes » sont d'anciens étudiants poussés à la révolte et « pourris » par leurs professeurs gauchistes ou communistes. Bref, d'une part le soupçon remonte jusqu'à Lénine ou qui ose lire Lénine; de l'autre, il descend sur toute la classe moyenne — cette petite-bourgeoisie coupée des masses et du prolétariat, mais qui ne rêve, impuissante, que de changer le monde ou sa place dans le monde... Donc nous sommes tous coupables — ce qui revient à dire que personne ne l'est plus.

Solution bien commode.

3. Cf. *le Monde* du 16 mai 1978, p. 18.

Pour être honnête, il faut reconnaître que certains membres du P.C.I. — comme par exemple le professeur Asor Rosa [4] — ont défendu une conception distincte : selon eux, le terrorisme recruterait essentiellement ses adeptes dans l'aire de l'émargination et de la désagrégation sociale; il aurait donc d'étroits rapports avec l'émigration, le sous-développement, le chômage... et le *malgoverno.* La thèse est audacieuse. Elle oblige à reconnaître l'existence, non seulement dans le Mezzogiorno mais dans les banlieues mêmes des grandes cités du nord, d'un véritable « quart monde ». Elle met en cause, par conséquent, l'action insuffisante des pouvoirs publics — voire la complicité des syndicats et des partis d'opposition. Et c'est sans doute pour ces raisons qu'elle n'a soulevé qu'un bien mol enthousiasme...

Mais, suggère le bon sens, ne serait-il pas plus simple d'interroger les « brigadistes » eux-mêmes — ceux, du moins, qu'on a pu arrêter — afin de leur demander comment ils en sont venus là? Oui, sans doute : seulement nous sommes en guerre. Et les captifs se taisent.

Voici donc, faute de mieux, tout ce que Flavio Biondi — un journaliste de *Gente* — est parvenu à apprendre sur le cas de Cristoforo N., un jeune membre des Brigades rouges qui fut fait prisonnier le 11 avril 1978.

Les parents de Cristoforo sont originaires des Pouilles. Le père, qui a quarante-huit ans et est actuellement gardien de banque, a vécu pendant de nombreuses années en France, où il était chef de chantier. La mère faisait des travaux de repassage. Dans les années soixante, la famille N. revient en

4. Cf. A. Asor Rosa, *Le Due Società,* Einaudi, 1977.

Italie et s'installe à Turin. Avec l'argent péniblement économisé durant des années de sacrifices, les N. réussissent à s'acheter un appartement et à ouvrir une blanchisserie.

Le fils, lui, fait son service militaire comme parachutiste... Puis, en 1969, il entre chez Fiat. Très vite licencié — pour absentéisme. Mais les syndicats le défendent, et on finit par le reprendre. Il travaille désormais dans un atelier où les luttes politiques sont intenses, où les scènes de violence entre ouvriers et contremaîtres ne sont pas rares. Dès cette époque, sans doute, Cristoforo a des idées bien différentes de celles de son père. Pourtant, il est inscrit au P.C.I. et milite dans le syndicat unitaire des ouvriers de la métallurgie : jusque-là, rien d'exceptionnel.

Et c'est soudain, en 1976, la rupture : Cristoforo quitte brutalement sa famille. Il n'assistera même pas au mariage de son frère... Dans le même temps, le P.C.I. l'exclut, et le syndicat refuse de renouveler son inscription. Motifs : les « options politiques » de Cristoforo ne semblent plus correspondre à celles de ces organisations. Clair... et vague à la fois.

C'est à ce moment, sans doute, que l'ouvrier devient terroriste. Mais c'est ici, aussi, que l'histoire se termine. Car pendant deux années Cristoforo a plongé dans le néant — sur lequel, aujourd'hui, il ne veut plus rien dire.

Gageons que ce n'est pas le procès qui fera, sur cette zone d'ombre, toute la lumière voulue.

Pendant bien des années encore, il ne s'écrira pas un livre sur l'Italie, pas un sur Rome, qui n'y aille de son couplet sur la genèse du terrorisme. Fatal. Et pour de bonnes raisons : la violence est entrée dans les mœurs (s'était-elle jamais tenue au-dehors?). Le terrorisme est devenu un objet. Un objet de discours — comme il y en a tant d'autres.

Pourtant, il faut le dire : tous ces discours ne seront pas innocents (pas plus que ne l'est celui-ci). Récits des rescapés ou récits des témoins, récits des Brigades rouges ou récits du pouvoir... tant de récits pour expliquer les bombes : c'est à la fois trop et trop peu. On « n'explique » pas une bombe par un récit. Et encore l'aurait-on expliquée — qu'on ne l'empêche pas d'exploser.

Il est donc difficile de parler *sur* le terrorisme. Toujours, le risque existe de voir cet effort de parole — cet effort d'analyse— récupéré, réinséré dans le cadre global d'une « mise en scène » qui vise à faire du terrorisme un grand spectacle. Au profit de qui? Nous n'en savons, pour le moment, strictement rien. Non plus que nous ne connaissons le nom du metteur en scène. Le risque n'en est que plus redoutable; la récupération, plus sûre.

Et cependant, toute la question est là : à qui profite le terrorisme? A qui profite ce grand rituel du meurtre — célébré par des anonymes dans l'obscurité froide de l'aube — et que presse et télévision portent immédiatement vers la lumière des appartements calmes, pour l'y fixer, l'y répéter, l'y retourner jusqu'au ressassement?

A l'Etat : telle serait la réponse la plus simple, la plus facile — et sans doute la plus fausse.

Pourtant il est bien vrai que l'Etat étant ce qu'il est — une machine à broyer du citoyen, mais dans l'ordre s'il vous plaît —, un peu de terrorisme ne lui nuit pas. Bien plus, l'Etat peut même — jusqu'à un certain point — en tirer avantage. Cela se comprend : autour du meurtre d'une victime émissaire — d'autant meilleure qu'elle est plus innocente —, l'Etat ressoude son unité. L'affaire Moro, entre autres, se prête admirablement à une analyse de ce type. Jamais la classe politique n'a eu autant le « sens de l'Etat », et l'Etat à la bouche, que lorsqu'il s'est agi d'abandonner Moro à son sort. Car Moro mort était « rentable » — plus rentable que ne l'aurait été un Moro vivant, et de surcroît rescapé des Brigades. Moro rescapé serait devenu un héros : il aurait donc rompu, à son profit, les subtils équilibres de la classe politique. Lui mort, au contraire, les deux plus grands partis pouvaient, de son cadavre, faire le symbole de leur entente, l'argument de leur union et le prétexte du « maintien de l'ordre » — autrement dit, de tous les coups qui leur seraient utiles.

Au reste, ce n'est sans doute pas un hasard si, dans les heures qui suivirent l'enlèvement de Moro et le massacre de ses gardes, la Chambre vota, à une écrasante majorité, la *confiance* au nouveau gouvernement Andreotti — lequel en méritait bien peu si l'on s'en tient à ce que disaient, la veille encore, nombre de parlementaires...

Pourtant, je ne peux m'empêcher de penser qu'il y a quelque chose qui sonne trop bien, donc qui sonne faux, dans ce discours. Le gouvernement de compromis instauré le 16 mars 1978 ne peut pas être, pour l'Italie, une solution durable. D'ailleurs, aucun des deux partis ne le souhaite. C'est un arrangement provisoire. Et qui semble, à court terme, profiter plus aux démocrates-chrétiens qu'aux communistes. Alors, était-il vraiment indispensable de lui sacrifier Moro?

Sans doute l'effet de ce sacrifice a-t-il été — toujours à court terme — considérable. Mais il est peu probable que le sacrifice lui-même ait été concerté. En refusant de sauver leur président, les démocrates-chrétiens ont cru tirer, comme ils ont pu, leur épingle du jeu : mais on ne peut pas penser que les Brigades n'aient eu, consciemment ou non, d'autre but que de permettre leur renforcement. Pas plus qu'on ne peut admettre que les Brigades aient cru hâter le « grand soir »... en provoquant la répression d'Etat.

Car il y a, on ne devrait pas le perdre de vue, une formidable révolte à l'origine du terrorisme. Une révolte bicolore : teintée de communisme, mais également de catholicisme. Ou, comme le dit Bocca, de « cathocommunisme ». Curcio, le chef historique des Brigades, a toujours été un catholique pratiquant. D'ailleurs l'Eglise et le Parti — ce n'est pas neuf — ont coutume d'attirer les assoiffés d'absolu. Dans le messianisme des terroristes, on peut donc déchiffrer le projet d'instaurer, *hic et nunc,* le royaume des purs, d'atteindre la société parfaite, de donner lieu à l'utopie.

Projet *fou,* bien entendu, en ce sens qu'il implique non seulement la destruction de tout ce qui existe, mais aussi celle de tous les hommes qui pourraient être, à un degré quelconque, les agents du changement : en choisissant l'action violente, le terroriste sait qu'il choisit la mort — ou le risque de la mort, mais à ce niveau, c'est la même chose.

Dans la folie messianique — surtout lorsqu'elle se heurte à d'évidents obstacles — il y a donc bien, comme dit Sciascia, un soupçon d'*esthétisme :* si « mourir pour la révolution » ne suffit plus, alors il faut mourir *avec* la révolution. Faute de pouvoir la changer totalement, je veux sombrer avec la société; je veux la faire mourir. Car si le Bien est impossible, mieux vaut le Mal qu'un demi-bien; en d'autres termes, mieux vaut l'apocalypse. Le reste n'intéresse pas le terroriste.

A supposer cette analyse correcte — mais on devrait souhaiter qu'elle ne le fût pas! —, il devient évident que la guerre des Brigades contre le S.I.M. — l'Etat impérialiste des multinationales — est une véritable guerre civile et fratricide, une lutte à mort entre deux adversaires symétriques, où chacun copie l'autre. Non seulement les Brigades ont repris à l'Etat l'usage de la violence, dont celui-ci croyait avoir le monopole, non seulement elles ont calqué leur guerre de propagande sur celle que mène l'Etat — utilisant, comme lui, presse et télévision pour diffuser leurs messages —, mais, à l'inverse, l'Etat s'est trouvé obligé de se plier à la stratégie des Brigades. Ce sont elles, désormais, qui font les coups, fixent les enjeux, choisissent les armes et les terrains : l'Etat ne fait que suivre.

Escalade prudente, de part et d'autre. Chacun renchérit sur l'adversaire, mais sans exagérer : il faut rester dans les limites de ce que l'autre peut tolérer sans s'effondrer — même si, de nos jours, les limites du tolérable ont été largement repoussées!

Autrement dit, même si un peu de terrorisme profite à l'Etat, et si un peu d'Etat entretient le terrorisme — l'Etat est loin de mener le jeu. Ce n'est plus lui le metteur en scène [5].

5. Et supposer que les Brigades sont manipulées par une puissance étrangère ne fait que reculer le problème : ce n'est plus l'Etat italien qu'on accuse de les entretenir, mais c'est toujours un Etat. Fausse solution, aussi peu plausible

Ce ne sont pas davantage les Brigades. Sans doute, dans l'offensive, ont-elles bien semblé prendre l'initiative : mais leurs initiatives sont folles. Et leur folie est tout sauf inventive. Elle ne fait que détruire.

Elle ne sait que la mort. Autrement dit, elle ne sait rien, même pas la mort.

J'ai vu, comme beaucoup de gens, sauter une bombe. J'ai vu un immeuble ravagé; des gens errer, affolés, dans la rue; j'ai vu la peur et la panique. J'ai vu les ambulances et la police qui arrivaient trop tard.

Puis je suis repassé, au bout de quelques mois, dans les mêmes lieux : on avait tout reconstruit. Les gens vivaient de nouveau comme ils vivaient « avant ». Comme s'il ne s'était rien passé...

Je sais : la vie doit continuer.

Mais je voudrais tout de même dire ce qui, dans la superposition de ces deux images, me gêne. Il me semble important de ne jamais finir par accepter le terrorisme, ou par le justifier; bref, de ne jamais l'expliquer entièrement. Non pas, bien sûr, au sens où il faudrait laisser planer le mystère, ou bien s'émerveiller devant l'absurdité du monde — comme si c'était nouveau! Mais en ceci que la logique de la violence, à quoi s'enchaîne le terrorisme, est une logique de l'a-logique. Elle doit donc demeurer indéchiffrable pour la pensée. Elle est, à tout jamais, son dehors et son autre.

que l'autre. Qu'Américains et Russes tentent de profiter de la situation, c'est probable; mais qu'ils l'aient fabriquée de toutes pièces relève pour le moment de la fiction pure.

Cette logique a-logique, une spirale seule pourrait — et encore — en donner une idée. Figure baroque par excellence, au demeurant, la spirale est ce qu'il y a de plus déroutant pour la pensée : elle n'a ni commencement ni fin. Tout comme le cycle de la violence elle-même : déclenchée il y a un peu plus de vingt-cinq siècles par un meurtre fratricide, l'histoire de Rome risque, aujourd'hui, de sombrer à nouveau dans un fratricide généralisé.

Entre-temps, les hommes auront beaucoup couru, aimé et discuté. Pour rien. De leur agitation, seuls demeurent quelques pierres, quelques tableaux, quelques poèmes.

Et le reste a passé comme un souffle.

En attendant, la Louve s'est réveillée. Rome vit à l'heure de la violence.

Il est vrai que ce n'est pas tout à fait neuf... L'assassinat politique n'est-il pas, ici, une tradition bien plus ancienne que la démocratie parlementaire? Celle-ci, après tout, ne remonte qu'à 1870; celle-là, aux origines mêmes de la ville. Et, pour être plus sérieux, aux troubles qui marquèrent la fin de la République et l'avènement de César.

En ces temps-là, plus encore qu'aujourd'hui, il valait mieux ne pas traverser le Forum sans armes. Sautons allégrement le Moyen Age et venons-en au XVIe siècle : la situation n'est pas pire, semble-t-il, qu'elle ne l'est actuellement. « L'aller de nuit », remarque Montaigne, n'est « guère bien assuré ». N'importe quel hôtelier, demain, vous en dira autant.

Car il n'y a pas que les terroristes à user de la violence. Ou plus exactement : si la contestation, en Italie, prend si facilement la forme du terrorisme, c'est fort probablement parce que, depuis toujours, la violence constitue un modèle culturel prégnant et contraignant.

Inutile de revenir, une fois de plus, sur les nombreuses occupations par des troupes étrangères dont l'Italie a été la victime; ni sur ces formes de violence instituée qu'ont représenté, au cours des siècles, le banditisme sarde, la *Camorra* napolitaine, la Mafia sicilo-calabraise. De la violence dans la vie quotidienne, il n'est même pas besoin d'aller si loin pour en trouver : on en voit tous les jours, et même à tout moment, dans l'existence romaine.

Violence automobile, par exemple : la façon dont les Romains conduisent relève du meurtre (ou du suicide) tout autant que de la performance. D'ailleurs les chiffres sont là : un mort par jour, en moyenne, dans l'enceinte du *raccordo anulare*. Pour excès de vitesse, la plupart du temps. Alors qu'à Milan, où les conditions atmosphériques — pluie, brume, verglas — sont pires, le nombre des victimes est bien plus bas.

Violence de l'ombre : à partir de neuf heures du soir, les rues de Rome, incroyablement peu éclairées, sont aussi désertes que peut l'être, au même moment, la plus sinistre ville de la province française. Ce n'était pas comme ça il y a vingt ans, répètent les vieux Romains. Ce n'est certes pas comme ça à Madrid. Ni même à Barcelone — ville ouvrière où traditionnellement on se couchait tôt, et où il y a, aujourd'hui, plus de noctambules qu'à Rome. Effet de la crise et de l'austérité? Ou bien de l'insécurité nocturne? Un peu des deux, sans doute. Et aussi de l'absence de boulevards où l'on irait, la nuit, se perdre parmi la foule, les néons, les terrasses de café... En tout cas, la nuit romaine fait peur.

Violence, aussi, des rapts — des rapts qui sont devenus, pour tous les marginaux, le moyen le plus rapide de gagner de l'argent. Atteints par une psychose d'autodéfense, industriels, banquiers, gros commerçants ont réagi en louant les services de *guardaspalli* — de gardes du corps « privés », opérant pour leur propre compte. Du coup, la profession de gorille est devenue l'une des plus attrayantes qui soit sur le plan financier; elle attire d'anciens flics, des boxeurs ratés, de petits délinquants passés de l'autre côté de la barrière. Sans doute les risques du métier sont-ils bien évidents. Mais ses attraits sont grands : six mille lires de l'heure, soixante mille lires à la journée, ce sont là des salaires bien supérieurs à ceux d'un enseignant! On comprend, dans ces conditions, l'inefficacité des polices officielles : elles se reposent sur d'autres des plus dangereux travaux de protection...

Pourtant il y a aussi une violence des polices : dans leurs Alfa bleues, les carabiniers foncent à toute allure, sirène hurlante, sur les piétons affolés. En cas de manifestation, ils n'hésitent pas à tirer. Le sang-froid n'est sans doute pas leur qualité majeure. Mais il faut les comprendre : comme le prouve le chiffre élevé des victimes en leurs rangs, leurs conditions de travail et de sécurité ne sont pas ce qu'elles devraient être.

Et puis, il y a vingt mille autres formes de violence. Vingt mille occasions où l'agressivité diffuse, refoulée mais latente, trouve à se décharger. Saint-Sylvestre, par exemple, ou bien le Carnaval, ou encore le football...

Comme partout, penserez-vous?

Non pas. Bien plus qu'ailleurs, en vérité.

Allez donc vous promener durant la nuit du trente et un décembre. Vous verrez comment les Romains en profitent, vers deux heures du matin, pour jeter par la fenêtre toutes les affaires qui ne serviront plus, des vieux matelas aux casseroles usagées, des illustrés jaunis aux pots de fleurs fêlés. Rituel frappant — surtout pour ceux qui passent en bas : ces destructions périodiques ne sont-elles pas le prélude à une régénération de l'année — dont on trouverait sans doute l'équivalent dans de nombreuses sociétés?

Mais il s'agit encore ici d'une violence « amortie ». Celle qui se donne libre cours le Mardi Gras est beaucoup plus féroce : ce jour-là, et souvent ceux qui le précèdent, les enfants (de sept à soixante-dix-sept ans) sortent les traditionnelles matraques en plastique bleu ou vert. Le but du jeu consiste évidemment à assommer le plus grand nombre de passants. Encore heureux si, de surcroît, on ne vous roule pas dans la farine!

J'ai l'air d'exagérer. Mais les journaux, eux, prennent la chose au sérieux. Des élèves qui en profitent pour rosser leur professeur; des bandes de jeunes fascistes, protégés par l'anonymat du masque, qui attaquent des jeunes de gauche; des gangsters qui dévalisent une bijouterie pendant que leur complice, déguisé en Pulcinella, les attend tranquillement au volant d'une voiture : ce sont trop d'incidents que même le carnaval ne saurait excuser. Passe encore quand un groupe de fêtards bombarde de confetti une malheureuse passante, mais de là à lui jeter des œufs...! Bref l'agressivité, rituelle en période de carnaval, n'arrive plus à se maintenir dans de justes limites, et l'on a de plus en plus affaire à ce que les Italiens appellent du *teppismo* — autrement dit de la « voyouterie », purement et simplement.

Du reste, Giorgio Battistini, dans *la Repubblica,* s'en inquiète en des termes fort savants : pour les marginaux, se demande-t-il, la tradition carnavalesque n'est-elle pas en train de devenir « une façon névrotique de communiquer »? Et la « micro-conflictualité » qui s'y donne libre cours n'est-elle pas le symptôme — inquiétant — d'une montée de l'agressivité, et donc d'une crue des frustrations qui en seraient la cause?

Peut-être. Mais ce serait oublier que le carnaval romain n'a jamais été tendre. Déjà au Moyen Age la fête se déroulait dans une atmosphère de violence : on s'emparait du plus vieux Juif de la cité, on le déshabillait, on l'enfermait dans une barrique hérissée de clous, et l'on faisait rouler celle-ci dans les descentes... Violence commune aux rituels d'inversion, quels qu'ils soient? Sans doute : mais cette violence n'était pas dirigée contre n'importe qui. Alors, comme aujourd'hui, c'est sur les faibles que l'agressivité se défoulait. Avec la tolérance publique, bien sûr.

Le seul aspect nouveau, s'il y en a un, ce serait donc la dégradation, depuis quelques années, de l'agressivité rituelle en *teppismo,* en « voyouterie ». Encore que, sur cette notion aussi, il y aurait beaucoup à dire...

Il est incontestable, en effet, que l'Italie du compromis, désireuse de se refaire une façade respectable, a trop tendance, parfois, à rejeter dans la « sauvagerie » beaucoup de manifestations ou de comportements qui gênent cette respectabilité. D'ailleurs, la meilleure traduction pour le mot *teppista* serait : apache, autrement dit sauvage — sauvage de l'intérieur. Pourtant, quel sociologue niera que la délinquance juvénile s'explique moins par de prétendus instincts que par l'influence du milieu social, bref par la marginalité? Sans doute, traiter le marginal d'Indien revient-il bien à reconnaître sa marginalité; mais c'est aussi le meilleur moyen de la reconnaître *ailleurs* que là où elle se trouve. De la ramener à une nature, alors qu'elle s'enracine évidemment dans une culture — et même une sous-culture très bien déterminée : celle des *borgate*, ces sinistres banlieues de Rome.

Quoi qu'il en soit, certains apaches ne sont pas fous, et ils ont même compris le parti qu'ils pouvaient tirer du rejet que leur opposent toutes les tendances politiques : au lieu de se déclarer victimes de ce refus, ils l'assument joyeusement. On veut qu'ils soient Indiens? Indiens ils seront : Indiens de la métropole, bien sûr. Indiens des villes. Indiens du XXe siècle...

C'est au cours de l'hiver 1976-1977 que le mouvement a éclaté. C'est alors que, peinturlurés de toutes les couleurs et revêtus des plus étranges parures, les *Indiens métropolitains* ont fait leur tumultueuse apparition dans les cortèges officiels et les manifestations publiques. Se contentant d'ailleurs de ridiculiser, par leurs slogans, ceux de tous les partis, ils ne se sont jamais livrés à des actes de violence caractérisée. Pourtant, leur intrusion dans le ronronnement des idéologies a fait l'effet d'une bombe (hilarante, heureusement). Les « responsables » (de quoi?) se sont déclarés profondément choqués — qu'ils soient de droite ou de gauche. Les journalistes n'ont pas toujours très bien compris. Et les intellectuels ont, piteusement, tourné la tête pour ne pas voir.

Pour ne pas voir, entre autres, que le spectacle offert par ces Indiens n'était qu'un formidable spectacle de dérision : dérision du pouvoir (quel qu'il soit), des mots qui le soutiennent (quoi qu'ils disent), des buts auxquels il tend et des hommes qui le cherchent. Spectacle difficilement soutenable. Tout est, en Occident, trop étroitement *centré* sur le politique — pour que l'on puisse toucher à ce centre sacré sans que la société entière, prise de panique, s'écroule.

On a donc très peu ri. Ou bien l'on a ri jaune. Et les Indiens sont repartis comme ils étaient venus. Sans guère laisser de traces. Mais sans doute pour montrer, également, qu'en laisser n'était pas leur propos.

Heureusement (!), le football est resté. Le football est toujours un substitut de la politique. Et c'est sans doute pourquoi il donne lieu, en Italie comme au Brésil, à de si incroyables violences.

Comme la peste de Thèbes dans l'histoire d'Œdipe, la violence liée au foot est une maladie contagieuse. Au reste, être le supporter d'une équipe se dit, à Rome, « être atteint du typhus » — *fare il tifoso*. Le *tifoso* n'est pas le *fan*, ni l'*aficionado*. C'est vraiment un malade. Un virus le ravage, qui n'a plus rien à voir avec le sport. On s'en est rendu compte pendant le *Mundial* de 1978, que l'Italie a bien failli gagner : chaque soir de victoire, une foule immense, venue de toutes les banlieues de Rome, se réunissait sur la place du Peuple. Entassés à sept ou huit dans la même voiture, les jeunes tournaient pendant des heures autour de l'obélisque avant de se lancer, à toute vitesse, dans les rues de la ville. Et chaque fois, dans la nuit, la fête se terminait par quelque accident mortel.

Evidemment, la victoire d'une équipe de football, pour les habitants des *borgate,* constitue bien souvent l'unique raison de faire une fête. Et la violence — légale ou illégale, il y en a des deux sortes — est si diffuse, si répandue dans ces tristes banlieues, elle imprègne à tel point la vie de leurs habitants — qu'on n'y connaît même plus de fête qui finisse bien.

Mais que sont donc ces *borgate?* Il s'agit, tout d'abord, « d'agglomérations suburbaines, situées à quelques kilomètres de la périphérie de Rome », ainsi que les décrit une remarquable *Enquête sur la misère en Italie* [1] qui fut entreprise en 1951-1952. A l'époque, les *borgate* avaient déjà une vingtaine d'années d'âge. Les premières, en effet, furent édifiées à la hâte sous Mussolini, pour reloger les habitants des vieilles maisons situées au centre de Rome, que le régime fasciste avait détruites par souci de grandeur et de rénovation urbaine. Depuis lors, ces constructions provisoires ont proliféré; et l'on a vu se développer un monde inouï de bidonvilles lépreux, si cruellement dépeint par Ettore Scola dans *Affreux, sales et méchants.*

Il est vrai que le centre de Rome n'a cessé, dans le même temps, de se vider. Chaque jour, des appartements du Trastevere sont rachetés et remis à neuf par des artistes ou par des étrangers, tandis que les Romains de vieille souche se retrouvent repoussés « en marge » de la cité. La masse, perpétuellement croissante, des chômeurs, vient les y rejoindre. Accrue, bien sûr, par celle des immigrants, lesquels arrivent non seulement du Mezzogiorno ou des

1. *Inchiesta sulla miseria in Italia (1951-1952), a cura di* Paolo Braghin, rééd. dans la Piccola Bibliotheca Einaudi, 1978.

Abruzzes, mais aussi du Latium, région relativement sous-développée du point de vue de l'emploi [2]. Bref, les *borgate* sont un peu devenues le quart monde de l'Italie...

Un monde désagrégé du point de vue culturel puisque n'y vivent que des personnes déplacées, et que le *romanesco*, encore parlé par les derniers « Vieux Romains » expulsés du centre, a dû reculer devant la poussée babélienne des dialectes méridionaux. Un monde émarginé, tant du point de vue social que du point de vue économique, où florissent le « travail noir » et le « travail sale », bref l'illégalité. Un monde où ni l'hygiène, ni la morale n'ont plus de droits : le monde du crime et de la maladie.

L'Enquête de 1951 révèle d'ailleurs un certain nombre de faits atrocement significatifs. A l'Acquedotto Felice, une famille de six personnes habitait dans une pièce de neuf mètres carrés avec une fenêtre et deux lits. A Pietralata, dans une famille de quatorze personnes, aucun des enfants ne fréquentait l'école. Dans la *borgata* de Gordiani, où vivaient plus de cinq mille personnes, on ne comptait en tout et pour tout que vingt-cinq cabinets. Aucun marché, pas de boucherie ni de pharmacie ni de poste : seules quelques *bancarelle* — marchandes des quatre-saisons —, fréquentaient le quartier, pratiquant des prix légèrement supérieurs à ceux du reste de Rome.

Et qu'on ne dise pas qu'il s'agit là d'anachronismes, de phénomènes anciens aujourd'hui disparus. Des situations tout aussi choquantes continuent d'exister. Dans certaines entreprises — peut-être pas

2. De toutes les villes italiennes, Rome est celle qui, depuis 1870, a connu l'accroissement démographique le plus fort (supérieur même à celui de Turin).

toujours légales —, des employés continuent de toucher des salaires inférieurs à six ou sept cents francs par mois. Des familles de dix à quinze membres habitent encore dans des deux-pièces parfaitement insalubres, où chaque lit est occupé par plusieurs personnes. Et pas plus aujourd'hui qu'hier on ne pourrait compter — tant dans les *borgate* que dans certaines vieilles ruelles du centre de la capitale, restées « miraculeusement » intactes — le nombre des appartements surpeuplés, des vitres cassées, des sanitaires qui ne fonctionnent pas [3].

Mais d'ailleurs, à quoi bon compter? La misère ne se chiffre pas. Pas plus qu'on ne peut réellement mesurer l'impact de la promiscuité et de la pauvreté sur le comportement des jeunes — pour la plupart chômeurs — qui habitent ces taudis.

Il n'en est pas moins sûr que terrorisme et délinquance doivent trouver parmi eux une terre particulièrement fertile. La *disoccupazione,* le chômage, fabrique un monde de marginaux qui, pour survivre, est bien forcé d'aménager sa marginalité. On assiste donc, depuis plusieurs années, à la naissance d'une planète méconnue : l'underground romain. Une espèce d'enfer noir où l'existence des hommes ne vaut pas plus que ce que vaut leur ombre. Où la mort est plus sûre que la vie, et où l'on ne joue qu'à ces jeux interdits qui vont de la drogue à la prostitution — avant de finir, un jour ou l'autre, par jouer *aussi* du couteau.

Rares sont les écrivains qui, de près, ont fréquenté ce monde et tenté d'attirer, sur lui, l'intérêt de l'opi-

3. On trouvera, sur ce point, des documents intéressants dans *la Magliana — vita e lotte di un quartiere proletario, a cura del Comitato di Quartiere,* Feltrinelli, 1977.

nion. Pasolini, sans doute, demeure celui qui en a le mieux parlé. Car le grand cinéaste est avant tout un écrivain, le poète des « loubards », le héraut du petit peuple des « bourgades » où il avait lui-même vécu, au début des années cinquante, alors qu'il enseignait à Ciampino. Le roman qui le lança, *Ragazzi di vita* (1955), était d'ailleurs écrit en romanesque. Son premier film, *Accatone* (1961), nous montre bien ce sous-prolétariat des faubourgs, qui ne disparaîtra jamais de son œuvre.

Ni de sa vie... Pasolini n'a-t-il pas dû payer de la sienne le droit de déranger, auquel il tenait si fort? Retrouvé mort, couvert de traces de coups et de blessures multiples, dans la nuit du 1er au 2 novembre 1975, sur une plage proche de Rome, Pasolini reste une figure majeure d'hérétique conséquent. Logique avec lui-même, avec le risque qui constituait quotidiennement son existence, il n'était pas de ceux qui prônent l'insurrection depuis les chambres des palaces ou les salons mondains. Certains lui ont reproché son christianisme, d'autres son flirt avec les communistes. Et personne n'a compris que ce qui faisait sa force, et la force de son œuvre, c'était la profondeur de son enracinement dans le peuple. Mieux encore : dans la plèbe.

Mais la réalité dépasse bien souvent la fiction. Pasolini, Gadda et Elsa Morante mis à part — celle-ci pour *la Storia* —, c'est la chronique des faits divers que défraye le *lumpen,* bien plus que la littérature. Et là, il suffit presque d'ouvrir n'importe quel journal, au hasard. Chaque jour réserve son lot d'horreur. Tout récemment encore, le 5 décembre dernier, le tribunal de Rome a condamné à huit ans de prison un jeune parricide de treize ans. Classique histoire d'enfant martyr : père alcoolique qui le battait, battait ses frères, battait et torturait leur mère, atmosphère de violence et de crime depuis ses toutes premières années.

En l'apprenant, l'opinion s'est émue. Pourtant, le jeune garçon avait fait trente-trois fugues en trois ans : et chaque fois, la police l'avait ramené. Parce que la famille est une institution sacrée. Parce que l'Etat est impuissant à transformer les *borgate*. Parce que les autres, les bien logés, s'en moquent.

Et, pour comble d'ironie, l'avocat qui le défendit durant son procès n'était pas un inconnu. C'était le même qui avait défendu, peu de temps auparavant, le jeune assassin de Pasolini.

Comme la violence — et comme la drogue —, le mysticisme forme une issue traditionnelle aux conflits qui déchirent une société. Il ne faut donc pas s'étonner si, dans la Rome d'aujourd'hui, les sectes foisonnent. Tout comme elles foisonnaient, d'ailleurs, dans la Rome impériale — à l'époque où, déjà, l'assassinat réglait les transferts de pouvoir...

Et hier comme aujourd'hui, c'était d'Orient que venaient ces religions marginales. En fait, tout avait commencé, dès le Ier siècle avant notre ère, avec l'introduction du culte de Sérapis. A quatre reprises au moins, le Sénat s'était bien efforcé de l'interdire; mais ces mesures de répression se révélèrent inefficaces. « Les mystères égyptiens, note Franz Cumont, nous offrent le premier exemple à Rome d'un mouvement religieux essentiellement populaire, triomphant de la résistance des pouvoirs publics et de celle des sacerdoces officiels [1]. »

Dès lors, tout était joué : esclaves et marginaux constitueraient le bouillon de culture de ces nouveaux mystères. L'Orient n'avait plus qu'à déferler...

1. Franz Cumont, *les Religions orientales dans le paganisme romain,* Paris, Ernest Leroux, 1906.

C'est ce qu'il ne tarda pas à faire : introduction du culte de Cybèle, de Mèn, de Sabazius, d'Anahita et autres divinités phrygiennes; du culte d'Atargatis et des « Baal » syriens, auxquels étaient liées toutes sortes de pratiques « barbares », de la zoolâtrie aux sacrifices humains; du judaïsme, bien sûr, et également du christianisme; mais surtout du culte de Mithra qui faillit bien, lorsque l'empereur Commode s'y fit initier, devenir la religion officielle — ou tout au moins la plus importante — de Rome. Après lui, Aurélien eut encore la tentation de créer, de toutes pièces, un culte du soleil suprême, *Sol invictus,* qui devait être élevé au plus haut rang de la hiérarchie divine et devenir le protecteur attitré de l'empire. Mais ce fut, finalement, la conversion de Constantin qui bouleversa la face du monde...

D'une manière ou d'une autre, les sectes, nées d'un contre-pouvoir ou tout au moins dans les marges du pouvoir, devaient finir par disparaître au profit de l'une d'entre elles, transformée en Eglise et, par là même, de nouveau en pouvoir.

Seul contre tous, peut-être, le pythagorisme aurait résisté à une telle transformation. Et c'est sans doute la raison pour laquelle il fut, si vite, étouffé : l'admirable basilique (dite « pythagoricienne ») qui fut retrouvée, en 1917, sous la Porte Majeure, n'a en effet jamais servi. Elle fut construite, pillée et fermée en l'espace de quelques années — dans la seconde partie du règne de Claude —, avant même d'avoir été achevée [2].

L'empereur avait dû se repentir d'avoir été si tolérant avec les *mathematici* — comme on appelait

2. Cf. Jérôme Carcopino, *la Basilique pythagoricienne de la Porte Majeure,* l'Artisan du livre, 1926.

alors les pythagoriciens —, ces gens trop sages qui proclamaient la non-violence et parlaient de fuir le monde.

J'ignore si, durant toute la période du pouvoir temporel de l'Eglise, les sectes connurent encore des moments florissants. Mais je serais prêt à parier que non : le christianisme lui-même offre assez d'échappées en direction du mysticisme; il est assez complexe pour abriter, sans les combattre, bien des singularités. Et même pour les transformer en règles...

Ainsi pour ceux qui aiment méditer sur la mort : leur place est toute trouvée au sein de l'ordre capucin. Et plus précisément au couvent de Santa Maria della Concezione, sur la via Veneto. L'endroit peut paraître mondain, mais pour celui qui pénètre dans les cinq chapelles souterraines situées au flanc de l'église, l'impression est tout autre : les murs et les plafonds de ces cinq salles sont en effet tapissés d'os... Il s'agit là d'une extraordinaire décoration macabre — à la limite entre l'art et l'art brut —, exécutée par un capucin anonyme au XVIIIe siècle, et pieusement conservée depuis lors.

Les os de plus de quatre mille moines ont été employés à ce travail; et les cadavres de quelques autres, qui se sont naturellement desséchés, ont été déposés sur le sol (recouvert de terre sainte provenant de Jérusalem) ou accrochés au mur, dans les espaces vides. Leurs faciès grimaçants, figés dans des rictus énigmatiques, donnent au visiteur le sentiment désagréable de comparaître devant une assemblée de gens qui en savent long... Quant aux motifs, de style rococo, composés par les ossements, ils signifient doublement le *memento mori,* et par leur nature cadavérique et par les symboles qu'ils composent : faux, sabliers et croix. Cloués les uns aux autres avec une infinie patience — on imagine le temps qu'à dû demander ce travail —, ils tissent une tapisserie funèbre comme seuls, sans doute, les peuples méditerranéens savent en imaginer.

On ne peut, d'ailleurs, s'empêcher de rapprocher ces catacombes de celles de Palerme : dans un cas comme dans l'autre, l'instinct de mort y est à fleur de peau. Et au bout de quelques instants, les âmes frivoles s'empressent de chercher la sortie, sous le regard courroucé du frère barbu qui garde la porte et semble vous reprocher de vous en aller si vite...

Pourtant, si l'on conserve quelque courage après une telle visite, il vaut encore la peine d'effectuer un détour par une autre église, celle du Sacro Cuore del Suffragio, sur le quai des Prati. L'intérieur en est aussi laid que l'extérieur, de style néo-gothique. Mais la sacristie renferme un autre lieu mystique, d'un genre probablement unique au monde : il s'agit d'un « musée du Purgatoire ».

On peut y voir une douzaine d'objets portant des traces laissées par des revenants, c'est-à-dire par des âmes du Purgatoire réapparues à l'un de leurs proches pour lui demander de faire dire des messes pour elles. Ces objets sont, pour l'essentiel, des livres ou des vêtements. Les traces sont, quant à elles, des brûlures en forme de croix ou même de mains. Et les témoignages s'échelonnent sur une période qui va de 1696 à 1919...

Le dernier en date est celui d'un prêtre qui, n'ayant sans doute pas mérité le Paradis, revint un jour dans sa paroisse, pour demander à son successeur de dire une messe. Il lui laissa un billet de dix lires... et renouvela l'opération trente fois de suite : en vertu du « trentin » grégorien, en effet, c'est ainsi qu'une âme du Purgatoire peut être sauvée.

Derrière une porte de cet étrange musée, une peinture représente, dans des tonalités verdâtres, l'apparition d'un spectre. Comme l'endroit est fort mal éclairé, le visiteur éprouve à nouveau un pénible malaise...

Un jeune prêtre, qui visita ce musée avec moi, me dit d'ailleurs un peu plus tard :

— Je n'avais qu'une seule crainte : c'est que vous me demandiez, à la sortie, ce que j'en pensais.

Mais y a-t-il encore beaucoup de gens qui croient au Purgatoire? Et de vocations dans l'ordre des capucins? J'en doute. Aujourd'hui, en tout cas, le christianisme a cessé d'être la religion des marginaux : ceux-ci regardent de préférence vers l'Inde ou les Etats-Unis. Et c'est l'Orient, une nouvelle fois, qui déferle sur Rome...

Orient de pacotille, évidemment, repeint aux couleurs roses de la dynamique de groupe et autres psychothérapies. Car si les mystères antiques proposaient le salut éternel, les sectes modernes se soucient davantage de « santé », « d'équilibre », voire « d'efficacité ». Il n'est que de lire les affichettes dont sont couverts les murs de Rome :

Tarots-Yi King : divination, méditation — partons à la recherche de notre image et de notre vouloir dès cette vie...

Laboratoire du mouvement : pour créer une union harmonieuse de notre corps avec notre psyché...

Psychochantant : séminaire sur la recherche de l'authenticité individuelle à travers la technique du chant...

Et ainsi de suite. Sans parler des innombrables centres de yoga — mais il y en a dans toute l'Europe — et — ceci est plus spécifique à Rome — du foisonnement de livres de poche consacrés à l'Orient, au zen, à la macrobiotique dans le moindre kiosque de gare.

Mais c'est sans doute la secte des « dévôts de Krishna » qui connaît aujourd'hui les succès les plus grands. Non seulement ses fidèles se promènent sans arrêt par les rues en distribuant des prospectus qui invitent le passant à se rendre à leur local où, les jours de fête, « des montagnes de délicieuse nourriture transcendantale » sont gratuitement offertes aux visiteurs; mais encore des personnalités connues viennent leur porter soutien et adhésion. La dernière en date de ces conversions, la plus spectaculaire aussi, est sans doute celle... d'Agostina Belli.

« Assez de sexe; je suis indienne », a en effet déclaré la célèbre actrice aux journalistes d'*Oggi*. « Je cherchais Dieu et les dévôts de Krishna m'ont aidée à découvrir une nouvelle dimension de ma vie », a-t-elle ajouté. Par conséquent, « ma conversion est profonde et sérieuse ».

Nul n'en douterait : l'on pouvait d'ailleurs voir Agostina parmi la foule qui se pressait, le 1er novembre dernier, au temple de la secte — une belle villa située sur le viale di Porta Ardeatina — pour célébrer le Govardhana Puja, rite millénaire destiné à commémorer l'apparition de Krishna sur une colline voisine de New Delhi.

Mais le « sex symbol » le plus connu du cinéma italien — après la Loren et avant la Muti — va-t-elle abandonner l'écran?

— Non, répond heureusement Agostina Belli, pour le moment du moins je n'ai pas l'intention de me faire religieuse. Je souhaiterais simplement tourner un film sur mes amis les Hare Krishna, et d'ici là j'irai en pèlerinage en Inde, sur un bateau construit par mon mari...

On peut se demander d'où vient une telle vocation, peu courante dans les milieux de Cinecittà. Soucieuse de se justifier, la belle Agostina déclare qu'elle s'intéressait depuis longtemps à la psychanalyse et à Aurobindo. Mais ce qui, selon elle, l'aurait déterminée à « sauter le pas », fut un événement bien précis : Si je me suis convertie, précise donc la Belli, c'est surtout « grâce à certains surprenants enregistrements de voix extraterrestres, réalisés, presque par hasard, par moi et mon mari Fred Robsahm, lequel est passsionné d'expériences métaphysiques comme beaucoup de ses compatriotes norvégiens... ».

Voilà l'histoire, sans exagération.

Difficilement croyable?

Ni plus ni moins qu'une autre. Après tout, les extraterrestres sont comme les Brigades rouges : tout le monde en parle, ils doivent bien exister, certains même les ont vus — et cependant personne n'a réussi à les saisir...

Périodes de syncrétisme, périodes de décadence — dit-on souvent. Rome serait-elle donc en train de vivre, pour la seconde fois, la fin de l'empire? En train d'attendre la venue des barbares qui la mettront à sac? Et assisterions-nous à la répétition d'un scénario déjà connu?

Peut-être. Mais si tel est bien le cas, un monde nouveau doit être sur le point de naître, au même moment et sur les lieux où meurt l'ancien. Comme l'Occident moderne est né — et, tout compte fait, re-né — là où l'empire s'était éteint sous les coups des Vandales...

Le monde nouveau s'appelait alors « chrétien ». Il prêchait des valeurs de douceur, d'égalité, d'amour. Ne pourrait-on trouver une re-naissance équivalente, au sein du bouillonnement actuel qui agite Rome?

Il ne faut pas s'y tromper : l'analogie est séduisante, mais fort probablement trompeuse. Pourtant il existe bien, dans la Rome d'aujourd'hui, un mouvement culturel, social et spirituel tout à la fois, qui pourrait être interprété comme un mouvement de renaissance. Comme l'effort surhumain pour proposer, à l'Occident agonisant, d'autres valeurs que celle de productivité, d'argent ou de pouvoir. A leur place, c'est de nouveau l'amour, la communication, la non-violence qui reviendraient au premier rang.

Cette tendance, on l'a deviné, est liée à ce qui, dans l'Europe des années soixante, s'est appelé contre-culture. Mais deux aspects fondamentaux en sont bien propres à l'Italie et particulièrement à Rome : l'essor du féminisme, d'abord; le foisonnement des radios libres, ensuite. Il faudrait y ajouter, sans doute, le rôle social pris par les « comités de quartiers ». Dans chacun de ces domaines, des hommes essaient de ré-inventer les gestes les plus simples. Des formes nouvelles de vie, de relation et d'organisation se mettent en place.

Sans doute celles-ci n'ont-elles pas — pas encore, tout au moins — changé la face du monde. Au contraire : elles se sont, jusqu'ici, bornées à exister en marge des formes anciennes. Comme le Dieu des chrétiens avait dû, en son temps, cohabiter avec Cybèle, Jupiter et Mithra...

Mais qui peut dire ce qui, demain, deviendra la religion officielle de l'empire?

Radio Cité Future : le nom est éloquent. Il témoigne d'un projet qui voit loin. Ecrit en lettres de feu sur fond blanc, ce slogan futuriste forme cependant un singulier contraste avec la ruine antique qui apparaît, là-bas, au fond de la rue...

Nous sommes via dei Marsi, numéro 42. Près de San Lorenzo, un immeuble qui ne paye pas de mine, dans un quartier pauvre. Pourtant, c'est ici le siège d'une des plus populaires — d'une des meilleures, aussi — radios libres romaines. Peut-être pas *la* meilleure : mais dans une ville qui compte, comme Rome, une bonne soixantaine de radios et une dizaine de télévisions libres, personne ne peut se vanter de tout connaître!

Passé la porte aux lettres flamboyantes, on débouche, à l'intérieur de l'immeuble, sur une cour plutôt sale. De tous côtés, des portes de hangars. Un escalier extérieur, branlant, mène aux locaux de la radio.

Ceux-ci sont des plus simples : trois-quatre pièces nues. L'une d'elles fait fonction de bureau, l'autre de studio d'enregistrement. Peu de meubles, et encore moins de matériel.

A cette heure — c'est le milieu de l'après-midi, et nous sommes à la fin du mois d'août —, la radio diffuse surtout des disques... et les « travailleurs culturels » ont tout le temps de discuter. Deux jeunes garçons — un petit gros et un grand frisé — me reçoivent très amicalement; un troisième, que j'entreverrai par la porte, ne semble pas plus âgé qu'eux.

Je joue au journaliste sérieux et commence à poser des questions.

— Ici, m'explique Gianni — c'est le nom du gros —, nous ne sommes jamais plus de quatre ou cinq à la fois. Pourtant, nous émettons toute la journée — en nous relayant. Disons qu'en tout une quarantaine de camarades collaborent aux activités de la radio; mais seuls quelques-uns d'entre eux sont rémunérés à plein temps.

Radio Città Futura est l'une des plus anciennes radios libres : elle fonctionne depuis mars 1975. Du point de vue juridique, c'est une « coopérative de travail et de masse » — structure autogestionnaire souple de plus en plus adoptée par les théâtres romains et par d'autres entreprises culturelles.

— La radio est à tous. Cela veut dire que n'importe qui peut devenir actionnaire. Du reste, l'essentiel de nos rentrées financières ne vient pas de là — mais de la publicité. En tout cas nous n'avons jamais eu, jusqu'ici, de problèmes d'argent.

Les programmes? Il y a de tout, comme ailleurs : beaucoup de disques — du classique comme du pop —, d'interviews et de débats. Mais aussi des émissions du style « la radio dans la rue », comportant des retransmissions depuis certains quartiers — surtout quand il s'agit de populariser une grève ou une occupation de maison.

— Et vos rapports avec les autres radios de gauche?

— Ils sont bons. D'ailleurs nous prêtons nos studios à *Radio Donna :* un groupe de féministes vient donc ici, pour enregistrer, chaque jour de 10 à 11 et de 18 à 19 heures.

— Et avec la R.A.I.?

— Là, sourit Gianni, il faut reconnaître que nous n'avons guère de relations officielles... Mais nous entretenons de bons rapports individuels : d'ailleurs, des membres de toutes les formations et de tous les partis italiens, même de droite, viennent s'exprimer à notre micro.

Au début, Radio Cité Future avait reçu l'appui financier d'organisations appartenant à l'extrême gauche non parlementaire, comme le P.D.U.P. ou Avanguardia Operaia. Mais, peu à peu, elle a pris son indépendance. Et tient bien, aujourd'hui, à ne pas se laisser récupérer par le jeu des partis, ni à se laisser influencer par quelque groupe de pression.

— Ce qui compte, dit le grand qui avait jusque-là

laissé Gianni parler, c'est que les gens eux-mêmes reprennent le goût de communiquer. Et c'est, pour nous, d'arriver à gérer l'information d'une manière *différente*... Tu vois?

Je vois. Mais vous aurez peut-être du mal à suivre, parce qu'il s'agit ici d'un langage bien typique de la « nouvelle culture » romaine. « Reprendre la ville, se réapproprier les moyens de communication, récupérer l'initiative en matière de rapports sociaux... » : autant d'expressions intraduisibles, et en même temps de clichés, de phrases toutes faites, de véritables idiolectes. Auxquels même les communistes n'échappent plus tout à fait : « se réapproprier sa santé » est devenu l'une de leurs expressions favorites depuis que Giovanni Berlinguer (le frère d'Enrico) a consacré un livre à ce problème. Mais c'est, à l'origine, en dehors des partis qu'ont été inventées ces formules, dans le milieu des marginaux et des chômeurs — bien souvent diplômés — qui, loin de la politique officielle, ont tenté de redonner un sens à leur vie. Elles portent donc le sceau de leurs désirs — et de leurs illusions aussi.

Phénomène bien compréhensible : qu'il s'agisse des comités de quartiers, qui ont surgi un peu partout à Rome depuis quelques années — pour lutter contre la spéculation immobilière, la hausse des loyers, l'insalubrité de trop nombreux logements —, qu'il s'agisse de la presse parallèle, des groupes homosexuels (comme le FUORI — le front des homosexuels révolutionnaires — ou les très saphiques « Brigades roses »), ou bien encore des féministes — c'est grâce à un *langage* commun que ces mouvements très différents ont pu s'unir, ou tout au moins créer des liens. Et ce langage traduit, effectivement, bien des aspirations communes. Même si, de groupe à groupe, le dialogue n'est pas toujours facile...

(Je pense, entre autres exemples de conflits, aux polémiques qui ont opposé à un certain moment des féministes et des camarades-hommes de Lotta Continua, accusés de faire preuve d'un certain « machisme de gauche »!)

Sans doute ne faut-il rien idéaliser. Créer un langage neuf ne suffit peut-être pas. Changer la vie sans changer le régime politique, faire une révolution culturelle sans révolution sociale, nous savons bien que c'est difficile. Et nous savons aussi que la récupération guette. Que même parmi les radios libres, une forte majorité de chaînes privées n'ont guère d'autre but que commercial : faire de l'argent, par tous les moyens. Quand on sait d'ailleurs *qui* (journaux ou entreprises, qui en font des supports pour leur publicité) les finance, on ne s'étonne d'ailleurs plus de ce que leur niveau soit ce qu'il est...

Reste que parmi les autres — dont fait partie Radio Cité Future —, on s'efforce d'inventer d'autres jeux, ou d'autres façons de jouer. Petit espoir, sans doute... Mais l'âge électronique ne fait que commencer.

D'autres écriront, un jour, l'histoire du féminisme romain. D'autres femmes, je l'espère...

De toute façon, les féministes refuseront de parler si le micro leur est tendu par un « mec ». Et c'est très bien ainsi.

Elles diront donc, ce jour-là, tout ce qui s'est passé depuis le début des années soixante-dix : car c'est alors, en somme, que s'est produit le réveil féministe. Ainsi, d'ailleurs, que le réveil terroriste : pourtant celui-là va à l'encontre, résolument, de celui-ci. Comme en Irlande, où les femmes se sont levées les premières — et ce n'est sans doute pas un hasard — pour protester contre les bombes.

Elles diront donc que c'est à ce moment crucial que tout s'est joué, en très peu de temps, et bien souvent de façon fort discrète. Que c'est alors que tout a basculé. Que les grands problèmes — sexualité (« reprenons notre corps! »), maternité, avortement, travail et créativité — ont été mis au jour. Que les principaux groupes — du *Collettivo Femminista* de via Pomponazzi au *Movimento* de via Pompeo Magno — se sont formés. Qu'ont été lancées, de la *Tartaruga* aux *Edizioni delle Donne*, les grandes maisons d'édition féminines, soutenues par la librairie-théâtre de la *Maddalena,* via della Stelletta. Et que les premières revues autogérées, du populaire *Effe* au très savant *DWF — Donna Woman Femme —* ont conquis leur public [1].

C'est dans ces années-là, aussi, qu'une vieille bâtisse de la via del Governo Vecchio, en plein centre, est devenue la « maison des femmes », interdite aux hommes... Que le 8 mars — jour mondial de la femme — s'est transformé en grande fête populaire, avec discours et farandoles sur la place Navone. Et que les murs de Rome se sont couverts du très fameux slogan : *donna è bello, woman is beautiful,* la femme c'est beau!

Cet historique indispensable, d'autres le feront. Pour moi, au moment de mettre un terme à mon itinéraire romain, je m'en voudrais de parler, ici, à la place des intéressées. Comme l'homme, en général, l'a toujours fait.

Qu'irai-je vous dire sur l'*autocoscienza* — « l'autoconscience », encore une expression intraduisible dans le jargon new-look! —, cette mystérieuse pratique d'introspection en groupe dont les collectifs féminins ont fait à la fois une méthode et une arme? Et pour vous parler du machisme, du sexisme ou de l'oppression pure et simple que les femmes italiennes, à Rome comme ailleurs, s'efforcent de renverser sans autres moyens que leur sourire, leur poésie, leur refus de la violence et la rigueur de leur discours — je ne suis sans doute pas le mieux placé.

Je sais seulement — et je suis prêt, ailleurs, à le

1. On peut d'ailleurs trouver la liste complète des publications féministes dans l'*Alamanacco,* Ed. delle Donne, 1978.

montrer — que de toutes les tendances mêlées dans le « bouillon » de la nouvelle culture romaine, la tendance féministe est peut-être, actuellement, celle qui résiste le mieux aux tentatives de récupération. Sans doute parce que c'est, aussi, celle qui a su le mieux conjoindre politique et culture, révolution et poésie. Et d'ailleurs l'intérêt que leur portent les partis — les femmes, ne l'oublions pas, forment une moitié de l'électorat — prouve bien que les féministes, à Rome, ont réussi à s'imposer.

Ce n'est pas pour autant qu'elles recherchent le pouvoir : au contraire, s'il y a quelque chose de radicalement neuf dans leurs revendications, c'est leur indifférence au pouvoir — ou, plus exactement, leur refus d'un pouvoir qui serait *seulement* moyen de manipulation ou d'oppression.

Ce qui, en revanche, les intéresse, c'est un nouveau partage social — donc, l'invention d'une nouvelle société ou d'une *socialité* nouvelle. En d'autres termes, une redistribution des cartes. La création ou la re-création de liens humains qui ne soient plus de dépendance ou de possession, mais d'amour et de différence.

Voilà pourquoi leur parole me saisit, leur irruption m'éclaire. Voilà pourquoi je ne crains pas de saluer en elles les prophétesses d'un monde nouveau...

Donc, l'Occident est né à Rome.

Pourtant, cette civilisation est devenue un cheval fou, et Rome ne se contrôle plus : c'est en plein centre de la ville que les autonomes défilent, que la police tire, que les terroristes opèrent et que l'on retrouve le corps d'Aldo Moro. Symptômes d'une mutation dans les formes de pouvoir forgées, précisément, à Rome?

Peut-être. Mais d'une mutation dans laquelle Rome, aussi, risque de s'engloutir. La vérité de Rome, serait-ce donc les *ruines*?

Dans le même temps les féministes, et d'autres, inventent un monde nouveau, une société inouïe. Encore que l'on puisse dire, à juste titre, que rien n'est vraiment neuf sous le soleil romain : est-ce que ce n'est pas déjà sous la pression des femmes, humiliées par le viol de Lucrèce, que Tarquin le Superbe fut détrôné, et la royauté abolie? C'était il y a longtemps. Mais l'histoire, on le sait, a la forme d'une spirale...

C'est pourquoi elle procure, quelquefois, l'illusion de revenir au même point, mais ce n'est jamais le même. Tout paraît immobile — et cependant quelque chose bouge.

Les hommes ne s'en doutent pas — encore moins que les femmes —, car ils ont la vue courte. Leurs souvenirs les égarent, leurs prophéties les trompent. Ils vaticinent dans le désert, pauvres pantins aveugles... Mieux vaudrait donc l'admettre, une fois pour toutes et même si c'est décevant : des convulsions actuelles qui déchirent Rome, nul ne peut dire, en vérité, ce qui naîtra demain.

www.ingramcontent.com/pod-product-compliance
Lightning Source LLC
LaVergne TN
LVHW050545160826
845677LV00011B/2178

9782246007692